民主党亡国論

金丸信・大久保利通・チャーチルの霊言

大川隆法
RYUHO OKAWA

本霊言は、2010年4月16日（写真上・下）、幸福の科学総合本部にて、
質問者との対話形式で公開収録された。

まえがき

『常識』なんて、もうとっくに地球の大気圏外《たいきけんがい》に投げ捨ててしまった。何者をも怖《おそ》れることなく、私たちは、ただただ、真理を追い求めている。真実の正義とは何かを追求している。

金丸信、大久保利通、チャーチルが、現・与党を厳しく批判し、危機意識の不足する、マスコミや国民を叱り続けている。

もう間違いを認め、いいかげんに目を覚ましてはどうか。

二〇一〇年　四月二十一日

国師《こくし》　大川隆法《おおかわりゅうほう》

民主党亡国論　目次

第1章　小沢一郎への引退勧告

二〇一〇年四月十六日　金丸信《かねまるしん》の霊示

第2章　新しい国体をつくるために

二〇一〇年四月十六日　大久保利通《としみち》の霊示

第3章　中国に〝ヒトラー〟が現れる

二〇一〇年四月十六日　チャーチルの霊示

第1章

小沢一郎への引退勧告

二〇一〇年四月十六日　金丸信の霊示

金丸信《かねまるしん》（一九一四〜一九九六）

自民党の政治家。副総理などを歴任。経世会《けいせいかい》（竹下派）会長や自民党副総裁も務めた。小沢一郎氏を自民党幹事長に就任させるために動くなど、小沢氏との関係は深い。過去世《かこぜ》は戦国大名の松永弾正久秀《まつながだんじょうひさひで》。

［質問者はAと表記］

1　幸福実現党は「先見力」で戦う

大川隆法　最初に、簡単に趣旨《しゅし》を話しておきます。

参院選が近づいてきており、あと三カ月ぐらいです。

幸福の科学は、政治にかかわって、まだ一年弱であるため、ノウハウその他、経験は非常に浅いのですが、天上界《てんじょうかい》からの指導も受けられるところが、強みといえば強みであり、「先見力」というところが一つの強みかと思うので、これを〝武器〟として使うべきだと考えています。

ほかの政党には経験があるでしょうし、人材も育っていると思いますが、当会のほうは、「先見力で戦う」ということです。「政治においては先見力もソフトの一つである」と考えているので、そういう観点から言うと、「天上界には、この世の人が考えつかないようなことを考える人もいるはずである」と思っています。

そこで、できれば、今日は、今までにまだ意見を聴《き》いていないような霊人《れいじん》を招《しょう》霊《れい》し、意見を聴いてみたいと思っています。

政治家、もしくは、政治家でなくても、政治にアドバイスができるような見識をお持ちではないかと思うような霊人に、日本の政治や世界の政治、あるいは、当会の政治活動で、「こういうところを、こう考えればよい」というようなご指導をいただければ、今後の戦略、作戦に使えると考えています。

ただ、過去に接触《せっしょく》したことのない霊人の場合、現在、どんな状態にあるかは分からないので、相手によって、そうとう柔軟《じゅうなん》に対応しなければいけないと思います。光の天使の世界にいるのか、地獄《じごく》で、のたうち回っているのか、あるいは無《む》意識界《いしきかい》で寝《ね》ているのか、それによって、対応を変える必要があります。

また、外国人の霊の場合は、日本語が話せる人もいますが、日本語が話せない人が出てくる可能性もあります。英語圏《けん》の人なら何とか対応が可能とは思いますが、英語圏以外になると、話が通じるかどうかは分からないので、うまくいかない場合もあるかもしれません。

普段《ふだん》は誰《だれ》の霊言を録《と》るか事前に決めてやっているのですが、今日は、それなしでやろうと思います。

あまりにも古い人だと、今の政治についてのアドバイスをするには、少しぼけている可能性があるため、できれば、現代の政治にアドバイスできるぐらいの人がよいと思います。

政治家の霊言は、今のところ、それほど多くは出していないと思うので、これは、「新しい指導霊の発掘《はっくつ》」という面も持っています。

原則として、その霊人をリクエストした人に質問者となってもらうつもりです。

ただ、相手が大物で、質問者が一人では足りないと思うときは、応援《おうえん》を少し入れたいと考えています。

そして、呼び出した霊が、もし、話ができるような状態でない場合には、早めにお引き取り願うことになります。

2　かつての師として、小沢一郎をどう思うか

小沢一郎の「政治上の先生」だった金丸信

大川隆法　では、誰《だれ》でも結構ですから、なるべく、「何かアドバイスをいただける」と思える霊人《れいじん》で、「こういう人のアドバイスを、今、幸福実現党は受けたほうがよい」という霊人が思い浮《う》かんだ人は、手を挙げてください。

（幸福実現党の党首が手を挙げる）

司会　はい。それでは、党首、お願いいたします。

大川隆法　党首は必ず質問者として出すつもりでいますが、いきなり党首でいいんですか。ほかに何か〝面白《おもしろ》いこと〟を思っている人はいませんか。党首は、呼び出す相手が大物のときには、質問者席に同席してもらいますが、党首のほかに誰かいないですか。

（会場「はい」）

司会　では、○○さん、お願いいたします。

大川隆法　いや、呼び出す霊の名前を聞いてからです。

A――　金丸信先生を……。

大川隆法　金丸信かあ！　ハッハッハッハ。さあ、どこに行っているだろうな。なるほど、なるほど。小沢一郎の政治上の先生だからね。なるほど、面白いね。ただ、接触《せっしょく》したことは一度もないので、あまり厳しい状態にないことを望みたいところです。天上界《てんじょうかい》に上がっていてくれたら、ありがたいと思うのですが、政治には精通している人だと思います。

では、金丸信でやってみましょう。

（Ａに）あなたと、党首が前に出てくるべきですね。

（党首とＡが質問者席に座る）

死んで何年ぐらいになるかな。十五年ぐらいになるか。自民党の副総裁だったかな。副総理もしたかな。

もし地獄《じごく》霊で対応が大変だった場合には、ほどほどのところで打ち切るために、

〝タオル〟を投げてください。もし、あまりにもひどい場合には頼《たの》みますね（笑）。
元自民党副総裁、元自民党副総裁、金丸信さん、
元自民党副総裁、金丸信さん、
元自民党副総裁、金丸信さん、もし私《わたくし》の声が聞こえましたら、降りてきていただき、幸福の科学がつくりたる幸福実現党に対して、あるいは、現代の日本の政治に対して、何らかのアドバイスをいただきたいと存じます。
元自民党副総裁、金丸信さんの霊よ、
元自民党副総裁、金丸信さんの霊よ、私の声が聞こえましたら、ご降臨くださり、われらを指導したまえ。
金丸信さん、金丸信さん、お願いします。
金丸信さん、お願いしま……（突然《とつぜん》、咳《せ》き込《こ》む）。

霊界《れいかい》の金丸信には日本の政治が丸見えである

金丸信　エッ、コホッ、ゴホッ、エヘッ、エッ、オー、エホッ、エヘッ、ゴホン、オホン、エホッ、アハ、ウン、オー、アッ、ウン。何じゃ、こりゃ。うん？　何だ、これは。説明したまえ。うん？

A――　私《わたくし》は幸福実現党の◯◯と申します。

金丸信　ああ、知らん。

A――　今日……。

金丸信　知らんなあ。世の中、変わったんか。

A――　先生をお呼びしたのは……。

金丸信　うん。

A――　私でございます。

金丸信　ああ、はあ、そうか。

A――　先生に幾《いく》つか質問がございます。

金丸信　ああ、そうか。うん。

Ａ――　先生は、今、どんな世界にいらっしゃるのでしょうか。

金丸信　うん？　どんな世界？

Ａ――　はい。それを、まずお訊《き》きしたいのですが。

金丸信　うーん、どんな世界ってさあ、うーん、ま、こんな世界だよ（会場笑）。うーん、うーん、ま、君、どういうふうに表現してほしいのかね。

A――　先生の目には、どのような景色が見えているのでしょうか。

金丸信　ああ、景色ねえ。うーん。

いや、君ねえ、誤解しちゃいけないよ。わしには信仰心《しんこうしん》があるんだよ。間違《まちが》っちゃいけないよ。唯物論者《ゆいぶつろんしゃ》じゃないからね。わしは、信仰篤《あつ》い人間で、国を思うこと、山よりも高く、海よりも深い人間だからね。

君、わしが地獄で迷っとると思うとるんだろう。そうは、いかんぞ（会場笑）。そんなの引き出されてたまるか。そんなことはない。ちゃんと、しかるべき薄暗《うすくら》闇《やみ》んなかで生きとる（会場笑）。うん。

A――　先生は今、そちらの世界で政治にはかかわっておられるのでしょうか。

金丸信　かかわっていますよ。当然です。

Ａ――　具体的には、今、日本の政治を、そちらの世界から見ておられますか。

金丸信　見てます。見てます。丸見えです。風呂屋《ふろや》の二階から覗《のぞ》いてるような感じかなあ。ハッハッハッハッハッハ。

Ａ――　今、先生には、日本の政治というものは、どのように見えておられるのでしょうか。

金丸信　そうねえ。うん。まあ、大して変わりゃあせんがねえ。まあ、いっちゃんが……、「いっちゃん」っちゅうのは、小沢のいっちゃんだけどさ、いっちゃんがまだやってるっちゅうのは、まあ、驚《おど》きだねえ。もう、とっくに、こちらに来てるかと（会場笑）、わしは思っとったが、まだやっとるんだねえ。いっちゃん、しつこいねえ。

A——　民主党の小沢一郎幹事長に対して、何か思っておられることはありますでしょうか。

人への「思いやり」に欠け、人望がない小沢一郎

金丸信　うーん、まあ、そりゃあ、手本はさあ、角《かく》さん（田中角栄《かくえい》）とわしだろうと思うんだけどさ。政治の師は角さんとわしさ。だけど、角さんの土建屋《どけんや》みたいなところと、わしの金権《きんけん》を引き継《つ》いだんじゃろ、きっとな。

まあ、そういうことだろうけど、うーん、やつは、やっぱり、ちょっと、あれじゃねえかなあ。

角さんも、わしも、まあ、最後は、ひどい目に遭《あ》ったけどさあ、もうちょっと人望っちゅうもんがあったような気がするんだよな、現役《げんえき》時代には。

角さんなんかも、とっ捕《つか》まって、くさい飯を食って、あと、裁判をされて、最後は半身不随《はんしんふずい》になり、苦労した。「闇将軍《やみしょうぐん》」という、あだ名はもらったけど、でも、人望はあったよな。まあ、小沢が、今、闇将軍って言われてるんだろうけど。

でも、角さんは、そういう、お裁きを受けるような身であっても、やっぱり、人気がずっとあったよな。

わしも、まあ、角さんとは違うが、それなりの、なんちゅうかなあ、好々爺《こうこうや》ちゅうか、人のいいじいさんだったじゃないか。なあ。そういう意味での人望はあったと思うし、角さんも、わしも、人に対しては、もうちょっと、あったかい気持ちは持っとったと思うよ。うん。

だが、いっちゃんは、ちょっと変わったよな。変わったっていうか、こわもてのする、脅《おど》しの鎧《よろい》みたいなものを着て、なんちゅうか、人を怖《こわ》がらせることで、なんか、権力っていうかなあ、権威《けんい》というかなあ、そういうものをつくり出して、カリスマみたいに見せようとしてるんではないかな。

わしらな、角さんやわしは、失敗はしたのかもしらん。角さんだって、あるいは法律を犯したのかもしれないし、わしだって、「不正な金を隠《かく》した」と言われるかもしらんけども、それは自分で使う金じゃなかったからな。自民党の代議士たちに配る金だからね。みんなのために〝食糧〟を集めてただけだから、本当に悪いことをしようとしてやってたわけじゃないさ。

法律には、まあ、厳密に言えば引っ掛《か》かったのかもしらんけどね（舌打ち）。けど、彼には、なんちゅうか、うーん、もう一つ「愛」っちゅうんかなあ、人に対する「思いやり」っちゅうかなあ、そういうもんがないよな。

理想もなく、権力を持ちたいだけの小沢一郎に引退を勧《すす》める

「彼は、いったい何がしたいんかなあ」と、わしもよく思うんだけど、なんか、目白《めじろ》の親方（田中角栄）が、辞《や》めずに、しつこく闇将軍として長くやってた、そのところだけを、今、まねしてるような感じに見えるんだよな。

だから、何か、実現したい理想があるわけじゃなくて、「できるだけ長く権力を持っていたい」っちゅうふうな感じかな。それをすごく感じる。

わしは、人間、やっぱり、出処進退《しゅっしょしんたい》が要《い》るんじゃないかと思うんだよ。出処進退を考えなきゃいけないね。

だから、わしが生きてたら、いっちゃんに引退を勧《すす》めるな。「もう引退しなさ

い」って言うな。「そうしたら、君、ある程度の実力があった政治家として、人から尊敬されるけど、最後まで、死ぬまでやったら、すごく恨《うら》まれるぞ」と、そういうことを言いたいな。

政治家は、出処進退について、やっぱり自分で決めなくてはいかん。今回も、あれだけ、いろいろと攻撃《こうげき》を受けても、今のところ、まだ辞めずに頑《がん》張《ば》っているようだけれども、やっぱり、出処進退を考えるべきだな、公党《こうとう》の幹事長として。

だから、まだ、野党時代の甘《あま》えがあるんじゃないかな。「自民党だったら許されんが、野党だから、いいじゃないか」っちゅう甘えがまだあると思うな。けど、わしゃあ、出処進退というのは政治家としてのけじめだと思うので、鳩《はと》山《やま》、小沢は、やっぱり、少なくとも今年の二月ぐらいには辞めてなければおかしい。

そして、それを辞めさせられないマスコミも、攻撃し切れない自民党も、やっぱり駄目《だめ》だ。

あの二人のあり方は政治家としての倫理《りんり》に反すると思うな。だから、今のは自民党以下の政治だよ。あの二人は自民党の政権なら辞めている。しかし、民主党なら辞めない。だから、政治的モラルでは、民主党は自民党以下ということじゃないかな。

やっぱり、そりゃあ、いかんよ。それは権力への執着《しゅうちゃく》さ。やっぱり、それには、けじめが要ると思うな、わしは。けじめをちゃんと付けたらいいよ。

実質上、あれは法律に反してるだろう。だから、本来は検察がしょっぴかなくてはいかんもんだけど、権力で脅しまくって、押《お》さえ込んだ。権力闘争《とうそう》で押さえ込んだんだろ？　予算と人事で強引に押さえ込んだけど、あんなの悪魔の手法だよ。

だから、いっちゃんは、おかしいなあ。うん。おかしいと思う。

わしらは、ちょっと違うよ。わしらは、自分らの出世も考えはしたけど、そうは言っても、やっぱり、「この国を良くしたい」という国士《こくし》の気持ちを持っていたからな。「国士」っていうのは、先生（国師）じゃなくて、士《さむらい》のほうだ。国士の気持ちはあったからな。その国士の気持ちには、潔《いさぎよ》さがちょっと要るんだな。

（舌打ち）

まあ、引退だな。うん。

3　違法献金問題《いほうけんきんもんだい》への一喝《いっかつ》

A——　本当に申し訳ございません。私《わたくし》は先生に対して誤解をしておりました。

金丸信　ああ、そう。

A——　はい。今、先生のお話を伺《うかが》っておりまして、先生が、本当に、人望篤《あつ》い政治家として、志を高く持ち、信念を持って政治をされていたことが、よく分かりました。

つきましては、今、小沢一郎幹事長の資金管理団体、陸山会《りくざんかい》による違法献金問《いほうけんきんもん》題であるとか、鳩山首相《はとやま》の秘書による、この世に存在しない人の名前を使った献金問題であるとか、鳩山首相が母親から非常に多額の献金を受けたにもかかわらず、それを隠《かく》していたという問題であるとか……。

金丸信　いや、それは、もう、辞《や》めさせなきゃいけないよ。絶対、辞めさせなきゃいけない。うん。

A――　民主党は、「金《かね》、金、金」で、本当に、「政党政治が、ここまで腐敗《ふはい》しているのか」というような状況《じょうきょう》になっておりますけれども……。

金丸信　そりゃあ……。

Ａ――　先生から一喝《いっかつ》をしていただければと存じます。

鳩山《はとやま》も小沢も、〝血塗《ちぬ》られた手〟で料理なんかつくるな

金丸信　そうねえ、「人を殺して血塗《ちぬ》られた手でもってだね、君、料理なんかつくってくれるなよ」というところだなあ。だから、そりゃあ、いかん。不正がはっきりした段階で、やっぱり辞めるべきだ。政治家としては辞めなきゃいけないよ。

鳩山《はとやま》首相にしても、「知らぬ、存ぜず」で、とぼけたって、国民は誰《だれ》も信じてないでしょ？　「母親から金が下りていたことなど全然知らない。秘書がやったんでしょう」と言ったって、こんなこと、あるわけがないじゃないか。

君、そんなことはチンパンジーにだって分かるよ（会場笑）。人間なら、もっ

と分かる。だから、嘘《うそ》に決まってるじゃない。ねだって、もらっているのは、分かってることだ。

一国の総理っちゅうものはだな、「国民の鑑《かがみ》」なんだから、やっぱり自決すべきだよ。

それは、やはり、いかんよ。

わしらも、企業《きぎょう》献金とか、もらったけどさ。でも、この国を発展・繁栄《はんえい》させることで、企業だって、十分、成長し、儲《もう》かるので、「応援《おうえん》したいと思う一部の政治家を応援するってこと自体は、別に悪いことじゃない」と、わしは思っとったんでね。

「企業が、この国を発展させてくれるような政治家に献金する」ということは、別に、おかしいことじゃないと思う。マスコミは、すぐ、それを悪いことのように言うけど、わしは、そうは思うとらん。

左翼《さよく》の政治家みたいなのに献金したって、この国は、何ら発展しませんからね。だから、「この国を発展・繁栄させてくれるような政治家に献金したい」っていうのは、当たり前じゃないか。

「企業献金の禁止」なんていうのは間違《まちが》ってるよ。

そんなことをしたら、政治活動費がなくなって、選挙は税金でやるしかなくなるじゃないか。それでは、もう、公務員みたいな政治家しか出てこなくなる。そんなことでは、やっぱり駄目《だめ》だ。

政治家の手腕《しゅわん》や力量に応じて、企業が、「この人には将来性がある」と思う人のところに、献金が集まってくる。これが当たり前だと思うんだよ。

それも、「正当な方法で、なるべく、人気があって集まるのがいい」と、わしは思うけども、本来はあまり献金が集まらない人でも、同じように金をもらえることにするとか、こういうことはよくないな。

それから、はっきりと法律に反した違法なことをしてはいけないし、そういうことが判明した段階で、きちんと責任を取るべきだと思うな。

ま、お金の問題については、灰色のところがいっぱいあるから、難しいことは確かだし、検察が政治家の上に立って全部を裁くみたいなことも、正しいことだとは必ずしも思わんけどな。

ただ、鳩山、小沢については、両方とも、「違法性の認識はあった」と、わしは思うよ。だから、その意味では、けじめは付けなきゃいけないね。

「政治家を今すぐ辞めろ」とまでは言わないが、少なくとも役職は辞めるべきだ。当然ですよ。民主党が公党であるんだったら当然です。

そのけじめを付けられないんだったら、そして、「代わりがいないので、自分がやる」っていうんだったら、それは、自民党の言い訳と、いったい、どこが違うんだ。それでは自民党以下だと、わしは思うな。

いや、本当に、本来なら、もう野《や》に下っていてもいいと思うよ。あれを見たら、もう野に下っているべきだよ。もう、民主党政権は崩壊《ほうかい》してなきゃおかしい。

マスコミは正義の観点に立たず、「二重の基準」で見ている

だけど、マスコミが正義の観点に立ってないよ、明らかにな。明らかにダブル・スタンダードだな。二重の基準で見てるよ。

「自民党は悪いけど、民主党はまだ悪くないから」っちゅうようなことなんでしょ？「企業ともつるんでないし、悪くないんじゃないか。労組《ろうそ》の支援を受けてるから、悪くないんじゃないか」みたいなことを考えている、左翼かぶれが応援してるから、まだ政権崩壊まで行かないんだろうと思うな。

だから、まあ、そういうのは、どうでもいいよ。

ただ、権力の立場にある者はだな、やっぱり、出処進退は自ら決《けっ》するべきだよ。わしゃあ、こう見えても、甲斐《かい》の武田信玄《たけだしんげん》を尊敬しておるんだよ。やっぱり、武田信玄は物事のけじめを付けた人だよな。

上杉謙信《うえすぎけんしん》とは、決戦を何度もやって、命の取り合いをしたけど、それでも、水面下では、お互《たが》いに相手の力量を認め合って、友情に似たものもあったしね。

それから、相手側の民《たみ》が困るようなときには、例えば、作物の刈《か》り入れ時とかには、合戦《かっせん》はしないようにしたしな。甲斐の国が塩で困ってたら、上杉が塩を送ってくれるようなこともあったしな。

このへんの分け方は、やっぱり、政治家としての〝あれ〟かと思うな。「私憤《しふん》と公憤《こうふん》は違うし、個人的な恨《うら》みと、公的な役割、やるべき公的な仕事としての戦いとは、やっぱり違うものだ」という考えのところだ。

政党として公的に「政党対政党」で戦わないいかんちゅうのは、君、当然のことだとは思うけれども、要するに、「自分が相手を攻《せ》める基準でもって自分が攻められたときに、それを潔《いさぎよ》く受け入れるかどうか」ということだ。それを自分らが受け入れる気がないんだったら、同じ論点で相手を攻撃《こうげき》してはならんと思うよ。自分たちが、さんざん、自民党なんかの金権問題や、財政赤字の問題など、いろいろなものを批判してきたり、「権力のたらい回しだ」とか言ってきたりしたのと同じ論点で攻められたら、やっぱり、それは、同じ基準で判断しなければいかんと思う。

「民主党だから構わない」とかいう論理は成り立たないな。

田中角栄が首相だったら普天間《ふてんま》問題は一秒で片付いている

だから、鳩山や小沢は、やっぱり辞めるべきで、今やってちゃいけないと思う。

だから、幽霊《ゆうれい》だよ、あれはな。もうすでに幽霊だと思う。

鳩山君は、もうすぐ、普天間《ふてんま》問題で追及《ついきゅう》されるだろうけれども、母親からの献金問題と同じように、また、他人事《ひとごと》みたいにして逃《に》げるかもしれない。「私は、そうしたかったんだけど、沖縄《おきなわ》県民、市民が、『アメリカは、いやだ』と言っているものですから、判断ができなくて」みたいなことで、まあ、うまいこと逃げ、また何かのせいにしようとしていくかもしれないけど、それは、やっぱり、政治家としての資質の問題じゃないかな。

角さんだったら、あんなことは絶対にないよ。即決《そっけつ》だよね。一日で決まってるよ。しかも、丸一日じゃないよ。角さんなら一秒だわ。あんな普天間問題なんか一秒で片付いてるよ。絶対、狂《くる》わないよ。一秒だよ。「これは、もう、やるしかない」って腹をくくって、絶対、断行するよ。うん。

もう、それ以外に道はないよ。

それでなければ、日米同盟は、もう破棄《はき》ですよ。破棄して、「日本は独自で防衛体制をつくる」という決意を固めるか、どちらかしかない。このどちらかだよ。

まあ、アメリカと合意した内容を履行《りこう》するか、それをしないんだったら、「独自に核武装《かくぶそう》をして、中国や北朝鮮《きたちょうせん》から国を守るので、日米同盟は要《い》らない」ということを決め、日米同盟を破棄するか、どちらかだな。

だから、鳩山は政治家としての資質が落ちる。うん。

4　幸福実現党の政治家の「あるべき姿」とは

A――　今、政治家の資質というお話がございましたけれども、幸福実現党は、この夏に参院選を戦います。

金丸信　うん。

A――　宗教政党として、正しいことをきちんと言い、選挙を意識してではなく、しっかりとものの言える政党として戦っていきたいと思っております。

できましたら、金丸信先生から、われわれに対して、「ここだけは落としてはならない」という、政治家の「あるべき姿」をご教示いただければと思います。

「正論だと思うことを言い続ける」という姿勢を

金丸信　うん。まあ、今、あれじゃないか、もう、とにかく、マスコミが、支持率操作みたいなもので、自分らの好きなように誘導《ゆうどう》して、それに迎合《げいごう》する政治家が生き延びるみたいな感じになっているわな。

だから、宗教政党の強さは、やっぱり、精神的な強さじゃなきゃいけないと思うんだよ。

「天に誓《ちか》って、間違《まちが》っていない」と思うんだったら、どんなに叩《たた》かれようとも、断行する姿勢を、やっぱり貫《つらぬ》くべきだな。

「天に誓って、間違っている」と思うんなら、それは、撤回《てっかい》し、反省するのが筋だよ。しかし、「天に誓って、この政策は間違っていない。この考え方は間違っていない」と思うんなら、もう、いかに酷評《こくひょう》されようとも、批判されようとも、攻撃《こうげき》されようとも、やっぱり断行していくところが、宗教政党の存在意義だと、わしは思うな。

そういうところが、普通《ふつう》の政党よりも、たぶん強いと思うので、そこが弱いんだったら、意味ないな。

でも、今、一部の人たちは、もうすでに感じてるんじゃないかな。あなたがたがマスコミの悪口を言っているので、「いい根性《こんじょう》をしてるなあ」と言ってる者もいるようではあるけどな。

まあ、今あなたが言ったことでいいんじゃないか。「正論だと思うことを言い続ける」という姿勢だね。

勝つか負けるか知らんが、それは、いずれ人の心に届くことだよ。

今、そういう、正論を言い続けられる政治家が必要なんだよ。それを言うと選挙で落ちるもんだから、言わないで迎合し、みんなが人気取りに走っておる。野党であった民主党が、あんなバラマキで歓心《かんしん》を買い、政権を取る。こんなのが堂々とまかり通る。また、マスコミのほうは、「自分らが描《えが》いたとおりになった」と、手を叩いて喜んでいる。ま、そのような図だよな。

だから、ちょっと、「語るに落ちたり」じゃないかな。

政治家としてもう終わった小沢一郎に引導《いんどう》を渡《わた》せ

いっちゃんにしても、そりゃあ、この国の先のこと、何も考えてないよ。今、どう見ても、目先の選挙のことしか考えてないから、政治家としては、もう終わったな。もう終わったと思うわ。「国の先のことを考えられない」っていうのは、もう終わった証拠《しょうこ》だよ。執着《しゅうちゃく》してるだけだ。

だから、誰《だれ》かが引導《いんどう》を渡《わた》さないといけないよ。「地元の水沢《みずさわ》に帰れ」と言って、もう引導を渡すべきだね。引導を渡してやらないといけないね。

もう時代は終わったよ。引退さえすりゃあ、次の世代が出てくるのさ。今は頼《たよ》りない人が、そうでなくなってくるんだ。だから、引っ込むべきだな。わしはそう思うな。

今、最大の選択は、最良の選択は、こういう人たちが潔《いさぎよ》く退《しりぞ》くことだね。そう思う。

そして、「先の選挙で大勝したことは間違いであった」と反省することだ。

また、それを応援《おうえん》した者たちがいる。応援した国民もいるけど、それを煽《あお》ったのはマスコミだ。応援した者たちは、「自分たちは間違った」ということを認めたくないもんだから、辞《や》めさせないんだよ、実際はね。

実は、マスコミが応援したから、あれだけ勝ったんだよ。三百議席も取った。だから、すぐ辞められたんでは、自分たちが間違ったということを天下に証明したことになるわな。「今は悪いけど、頑張《がんば》って長くやり、慣れてくれば、もしかしたら、うまくいくんじゃないか」みたいなことを考え、何とか、まだ泳がせて、生かしてるんだよな。

小沢の悪口を言いながらも、「いや、剛腕《ごうわん》だから、何かするんじゃないか。この人がいないと、民主党が潰《つぶ》れてしまうから、置いとかなきゃいけないんじゃないか」みたいな思いがあるわな。

昔の自民党には派閥《はばつ》がいっぱいあり、「総理候補者になりたい」って人がいっぱいいて、誰かを追い落としても、別な者が必ず出てきたから、安心しとったところもあるけど、今は、「あとがいないかも」と思って、できないでいるんだな。

でも、そこまでして民主党政権に執着する必要はないよ。わしゃ、そう思うな。

幸福の科学からは、去年、あれだけ立候補者が出たんだから、勝たせてやったらよかったんだ。マスコミが悪いよ。

だから、マスコミにも、しっかり潰れてもらったらいいよ。同じだよ。政党もそうだけど、マスコミだって、間違ったら、きちんと責任を取るべきだ。潰れてもらったらいいよ。間違ったことを主張して国民を扇動《せんどう》し、そして、国の政治が悪くなったら、それは辞めるべきだ。

日米同盟を崩《くず》すようなら、民主党政権を絶対に倒《たお》せ

特に、沖縄《おきなわ》の基地問題。これは大きいよ。

これで判断を間違えたら、この国は終わりだ。これ、絶対、阻止《そし》だ。今、日米同盟を崩《くず》したら、日本はもたないよ。絶対、駄目《だめ》だ。

もし、あいまいな態度を取って、日米同盟が潰れるような判断をしたら、この民主党政権を絶対に倒《たお》さなきゃいけない。どんなことがあっても倒さなきゃいけない。絶対に倒しなさい。

幸福実現党だけで倒せないんだったら、保守の勢力と組んでも構わないから、これは倒しなさい。

ここだけは絶対に守らないと、この国は終わる。終わる。もうすぐ終わってしまう。やられる。完全に中国にやられる。間違いなく、やられる。

「アメリカ弱し」といえども、アメリカはまだ超大国《ちょうたいこく》だから、日米が組んでるかぎり、日本が中国の支配下に入ることはない。

ただ、今、アメリカと切れたら、どうなるか。中国は、日米の関係を切りたくてしょうがないんだから、それを切るつもりで、作戦を立てて、やっている。

それが切れたときに、こんな国民世論《せろん》では、あるいはマスコミ世論では、日本の独自防衛なんて、できるはずはありません。

だから、絶対に植民地化されます。これは何としても阻止しなくてはならないので、鳩山《はとやま》が普天間《ふてんま》問題でダッチロールするんだったら、徹底的《てっていてき》に攻撃しなきゃ駄目です。「辞めろ」と、「政治家を辞めるべきだ」と言い、撃《う》って撃って撃ちまくって、撃ち落とせ。

小沢も、中国の属領になろうとするんだったら、撃ち落としなさい。これは、かつての恩師からの引退勧告《かんこく》だから、絶対、許さない。間違って、政治的な理念がもうなくなっている。うん。駄目だな。

もし、そこまでして独立したいと言うんだったら、日本を、核武装《かくぶそう》して、独自に中国と対決できるだけの国にしなさい。北朝鮮《きたちょうせん》なんかにもなめられないような国にしなさい。それだけの国軍をつくる力がないんだったら、日米同盟は絶対に死守すべきです。

そんなものは一秒で判断しなきゃ駄目です。

国が大きくなっていくなら、そういう時期もあっていいとは思うけど、今は駄目だな。

経済政策も、民主党は全然なってないよ。何もないじゃないか。だから、左翼《さよく》には国家の経営なんかできないんだよ。それを国民に気づいてもらえたら、この政権交代には意味がある。

村山政権の崩壊《ほうかい》で社会党がなくなっちゃったよな。そういうかたちで、「左翼勢力は駄目だ」ということを天下に証明するための政権交代だったら、意味はあるかもしれないけれども、次には保守の復権が来なければいかん。わしは、そう思うな。うん。

引退勧告だ。

A――　はい、分かりました。「民主党打倒」を高く掲《かか》げ、私たちは正々堂々と戦っていきたいと思います。

金丸信　うん、うん。

A――　ご指導ありがとうございました。

スピーカーとして、恐《おそ》れることなく、言うべきことは言え

金丸信　君ら、もっと戦わなきゃ駄目だよ。軟弱《なんじゃく》だよ。あんなチャンスに、いったい、何してんだ。

本当に、あれだけ金権《きんけん》問題等が言われていて、また、土地の不正取得だの、な

んだの、いろいろと、あれだけ言われてるときに、どうしてマスコミをもっと叱《しか》らないんだ。きちんと叱らなきゃ駄目だよ。それは宗教の強みだろうが。君ら、落選したって全然怖《こわ》くないんだから。本家があるので大丈夫《だいじょうぶ》なんだから。言うべきことを言うためにつくった政党だよ、これは。君らはスピーカーなんだから、恐《おそ》れることなく、やはり言うべきだよ。

だから、駄目だね。チャンスを逃《のが》した。実現党の党首、交代したのか？　当然だよ、そんなの。遅《おそ》すぎたぐらいだわ。二月で攻《せ》められなかったら交代だよ。当然、交代しなきゃいけない。あのチャンスに攻められないっていうのは駄目だね。

これを絶対に許しちゃいけないよ。自民党だったら辞めてるのに、民主党なら辞めないなんて、こんなの、絶対、許しちゃいけない。あそこまで証拠が挙がってて辞めないなんて、自民党なら、ありえないことだよ。

だから、マスコミは自分らの責任を取らないつもりでいるんだよ。民主党政権を長引かせ、一年を超《こ》えて、二、三年やらせたら、自分らが間違った、あの選択、民主党を応援したことの罪は消えると思って、引き延ばしてるんだよ。そういうことなんだ。一年以内に倒れたら自分らの責任になることを知ってるんだよ。

このへんの不正は、ピシッと暴《あば》かなくてはいかんな。

わしらは政治家だから、昔の戦《いくさ》であれば、負けたら首を斬《き》られる。政治家として失敗したら、失脚《しっきゃく》するのは天命で、しかたがない。

だから、「出処進退は大事だ」ということを知らなくてはいけない。

まあ、いっちゃんも、七十近いんだろ？　もう出処進退を知らなきゃいかん年だよ。

今、じいさんたちが集まって、また何か新党を立ち上げたりしてんだろ？　もう、悲惨《ひさん》というか、まあ、悲愴《ひそう》だわなあ。七十代のおっさんたちが集まって、「国を救う」って言ってるが、あれにも引退勧告だ、本当はな。いかんな。もう駄目だ。もう御用済《ごようず》みだね。
だから、政界の〝お掃除《そうじ》〟をしなきゃいかんよ。一掃《いっそう》したほうがいいな。

Ａ――　分かりました。マスコミの外圧に負けず、正しいことは正しいと、きっちりと言い、スピーカーとして、言うべきことは、しっかりと伝えてまいりたいと思います。

金丸信　君ら、別に政治家にならなくたって食っていけるんだろう？　外圧なんて、そんなもん、どうってことないよ。恐れちゃいけないよ。いや、右翼《うよく》がびびるぐらいでなきゃ駄目だよ。右翼が土下座《どげざ》して、「恐れ入りました」って言うぐらいやらないといかん。怖いものはないよ。
宗教に怖いものなんてあるもんか。だって、この世で怖い目に遭《あ》えば遭うほど、あの世で天使になれるんだろう？　これは、結構な教えじゃないか（会場笑）。被害《ひがい》を受けりゃ受けるほど、天使だ、如来《にょらい》だって、なれるんだろ？　そりゃ、結構な教えじゃないか。

こんな怖いものはないよ、この世の中ではな。まあ、浄土真宗《じょうどしんしゅう》みたいなもんだなあ、一揆《いっき》の。「一揆をやって死んだら、天国に還《かえ》れる」っちゅうことなら、みな死にに行くわね。

だから、これは、ちょっと信者の教育も足りてないね。全然、足りてないよ。まったく足りてないわ。信者教育も、ちょっと、きちんとやらないといかんよ。だから、まあ、もっと叱りなさい。うん。

A――　ありがとうございます。

金丸信　はい。

A――　では、これで質問を終わります。

大川隆法　（金丸信に）はい、どうもありがとうございました。

第2章

新しい国体をつくるために

二〇一〇年四月十六日　大久保利通の霊示

大久保利通《としみち》（一八三〇〜一八七八）

薩摩《さつま》出身で、江戸《えど》時代末期から明治初期にかけての政治家。木戸孝允《きどこういん》、西郷隆盛《さいごうたかもり》と並んで、「維新《いしん》の三傑《さんけつ》」の一人と称される。明治政府の中央集権体制確立を進め、大蔵卿《きょう》、内務卿などを歴任。最後、紀尾井坂《きおいざか》で暗殺される。

［質問者はBと表記］

1　わしは天命があって明治維新《いしん》を成し遂《と》げた

大川隆法　ほかには、どうですか。まあ、新しい人は、新しいことをだいぶ知ってはいるようですが。はい、では、○○さん。

B──　大久保利通《としみち》をお願いします。

大川隆法　ハッハッハッハッハ。いやあ、私も話をしたことが一度もないので、恐《おそ》れてはいるんだけど、まあ、やりましょう。では、どうぞ。

（Bが質問者の席に座る）

頭がいいのは分かってるんだ。頭のいい人だけど、ま、頑張《がんば》ってみましょう。はい。

明治維新《いしん》の偉人《いじん》にして功労者である、大久保利通さん、願わくば、幸福の科学に降臨したまいて、われらに政治的指針を与《あた》えたまえ。

明治維新の大立者《おおだてもの》にして、明治政府をつくりたる大久保利通さん、願わくば、降臨したまいて、われらを導きたまえ。

（約五十秒間の沈黙《ちんもく》）

大久保利通　うーん……、うーん。

B――　大久保利通先生でいらっしゃいますか。

大久保利通　うーん、大久保である。

B――　私《わたくし》は、幸福の科学活動推進局の○○と申します。今日は、ご指導を賜《たまわ》りたく、お呼びさせていただきました。

大久保利通　うーん。うん。

B――　大久保利通さんにおかれましては……。

大久保利通　先生と呼びなさい！

B――　あ、はい。大久保先生は今、どのような世界にいらっしゃるのか、教えていただけますでしょうか。

大久保利通　（約七秒間の沈黙）うん、君ねえ。勘違《かんちが》いしてはいけないんだよ。わしは、天命があって、明治維新を成し遂《と》げ、明治政府をつくった人間なんだ。天命があって、やった仕事なんだ。

今、いささか厳しい目に遭《あ》ってはおるけれども、これは、旧幕府の人たちの怨《おん》念《ねん》によって、そうとう苦しめられたということだ。自分としては、「以《もっ》て瞑《めい》すべし」とは思っておるが、幕府二百六十年の重しが、わしにかかってきておるので、まあ、多少、苦しいけれども、わしは、本来は大きな使命を持った人間だよ。だから、国の一つぐらいはつくれる人間である。

まあ、あなたがたは、次元とか何とかで人を判断するのであろうけれども、いやあ、光の天使だって、死んで百年や二百年、地獄《じごく》に堕《お》ちるぐらいのことは、よくある話なんだよ、君。そんなことは承知の上で仕事をしなければいけないんだよ。

君、西郷隆盛《さいごうたかもり》はいい人だと思っとるだろうが、彼だってそうなんだ。まあ、わしが恨《うら》まれてるのは西郷を滅《ほろ》ぼしたからさ。西郷隆盛を滅ぼしたので、国民から恨まれてるんだよ、たくさんな。卑劣《ひれつ》というか、冷酷《れいこく》なやつだということで、恨まれとるんだが、誰《だれ》がわしの立場に立っても、西郷の西南《せいなん》の役《えき》は、やはり鎮圧《ちんあつ》したと思うよ。

あれをやらなかったら、明治政府が倒《たお》れてしまうものな。西郷は、明治政府を、もう一回、倒すつもりでやろうとしたんだから。しかし、かつての盟友、親友であろうとも、やはり、理念において、逆戻《ぎゃくもど》りは許されないことである。

わしは悪役にはなったかもしらんが、ま、その分は、暗殺されたので、十分、相殺《そうさい》されているんではないかな。

だから、まあ、あんたは知りたいんだろうけれども、今いる世界は、元いた光の天使の世界、大指導霊《だいしどうれい》の世界ではないよ、はっきり言って。ただ、ある程度、自分の置かれている立場について、理解はしている。

国民の人気が、もう一つ上がってこないのでな。だから、大久保利通を、もう一段、評価し、尊敬してくれるようになれば、わしも、元の世界に還《かえ》れるんだが、ま、もうちょっとかな。

西郷どんだって、それは君、五十年やそこらは苦しんでいたはずだよ。わしは、もうちょっと時間がかかっておるけどな。まあ、人気がないらしいので。ただ、やるべきことはやったと思っている。だから、君、大丈夫《だいじょうぶ》だよ。わしは、頭はしっかりしとるからな。いやあ、君は、実に賢《かしこ》いよ。わしを指名しないで、指名する人はほかにいないよ。うん。

2　百年の計を持って新しい国づくりを進めよ

B――　ありがとうございます。
現在、日本の政治においては、民主党が政権を取り、鳩山《はとやま》首相、小沢幹事長という体制がとられているのですが、その小沢一郎幹事長が、最も尊敬する政治家の一人として、大久保先生を挙げています。

大久保利通　うん。

B――　大久保先生がご覧になり、今の日本の政治や民主党について、あるいは、小沢一郎幹事長について、感じておられることや、ご意見などがありましたら、お伺《うかが》いしたいのですが。

政権交代が人生の目標だなんて、話が小さい

大久保利通　うん、まあ、彼は、地獄《じごく》に堕《お》ちるのは間違《まちが》いないだろうねえ。それは間違いないとは思うよ。地獄には行くだろうね。それは間違いない。それは間違いないが、そうしたことは、彼には関係がないであろう。

そうねえ、うーん……、いやあ、この小さな国のなかでさ、「二大政党の政権交代が人生の目標だ」なんていうのは、話が小さいんじゃないか。そんなの大したことではないじゃないか。

史上初で、そういうことを発明したというのならまだしもな。それなら意味は

あろうけれども、よそでもやっとるじゃないか。イギリスだって、アメリカだって、やっている。それをまねしただけじゃないか。な？

まあ、わしの見るところだなあ……。（約十秒間の沈黙《ちんもく》）

ま、やはり、彼の視界が、あまり先まで見えていないところが大きいなあ。目先しか見えてない。やはり、政治っていうのは、百年の計は持たなきゃいかんね。

今、この国を建て直すんだったら、そうだねえ……。まあ、暗殺されるぐらいのことはしなきゃいけないのは確かだろうとは思うけど、幸福実現党は、「富国《ふこく》強兵《きょうへい》、新・学問のすすめ」かい？　うーん、ちょっと古いなあ。もうちょっと新しくないといかんな。

マッカーサー憲法を廃棄《はいき》し、新しくつくり直すべき

まあ、今、やらないといかんのは、やはり憲法の廃止《はいし》だろう。これがいちばんだな。政権交代なんかじゃないね。やはり、あのマッカーサー憲法を廃止しなきゃいけない。廃止して、新しくつくり直さなきゃいけないね。これが、次の国づくりの出発点だろう。

まあ、それに対しては、左翼《さよく》勢力との戦いはやらなきゃいけないだろうね。左翼は、おそらくは、宗教の敵でもあろうからな。

やはり、マッカーサー憲法の廃棄《はいき》をしなければいけない。それをするには、そうとうの力が要《い》ると思うね。

憲法改正なんかしないで、憲法を廃棄するんだよ。捨てたほうがいい。新しく

つくり直さなきゃいけないね。廃棄するんだよ。うん、廃棄したらいいよ。当たり前のことなんだから。

要するに、二大政党がまねだったのならば、よそはもう、憲法をつくり直すのは当たり前なので、これこそ、「占領《せんりょう》憲法で、こんなものはおかしい」と言えばいいんだ。占領憲法を美化した憲法学者等は、売国奴《ばいこくど》さ。そろそろ廃棄だな。うん。こんな憲法は廃棄して、日本に合った憲法をつくるべきだ。

それと、わしらは明治維新《いしん》のために、天皇を担《かつ》いで、王政復古《おうせいふっこ》も同時にやったけれども、これは、ある意味で、革命としては矛盾《むじゅん》していたとは思っているよ。近代化路線と王政復古とは、本当は合っていない。だけど、わしら下級武士たちが幕府を倒《たお》すっていうんでは、ちょっと、クーデター風だからな。そういう意味で、王政復古ということで、天皇を担いでやったんだけどな。

まあ、これも、先の大戦で敗れた段階で、この天皇制、国家神道《しんとう》は、わしは終わっていると思うよ。だから、その「死に体《たい》」が、今、まだ六十何年続いている状態だな。ただ、これは、もうすでに終わっていると思う。

だから、今、新しい国体をつくり直すべきだ。憲法を廃止して、新しい、未来の国のビジョンをつくらなければいけないと思うね。先の戦争で、日本の国土が焦土《しょうど》と化し、三百万人以上の兵隊が天皇の名の下《もと》に戦って死んだんだから、そらあ、天皇は潔《いさぎよ》く退位すべきだったと思うな。

右翼《うよく》の立場では、天皇が退位しなかったことを高く評価するんだが、そうは言ったって、敗軍の将は敗軍の将だ。いくら言い逃《のが》れようとも、明治憲法においては、天皇が元首《げんしゅ》だったことは間違いないんだから、責任を取るべきだよ。

まあ、天皇制を残してもいいけれども、天皇は文化的象徴《しょうちょう》として、京都御所《ごしょ》に帰るべきだ。政治からは離《はな》れるべきだと思うな。いまだに、天皇の名の下《もと》に国会を召集《しょうしゅう》し、解散し、また、法律に署名しているなどというのは、あってはならないことだと、わしは思う。

これは、けじめが付いていないな。先ほど、誰《だれ》かが、けじめの話をしていたようだが、こっちもけじめは付いていないと思うな。けじめを付けなきゃいけない。きちっとね。

わしの意見は、「マッカーサー憲法の廃棄」と、「天皇の文化的存在への移行」だ。すなわち、天皇を政治からはっきりと切り離し、新しい憲法に基づいて新しい国体をつくるということだな。

そして、この国家の新しい元首を選び出すシステムをきちっとつくったほうがいい。これは、あなたがたの主張と、ある意味では合っていると思うよ。うん。そのへんは、きちっとやらないと、この国がなくなるかもしれないという危機に、今、直面しているわけですから。そうした新しい国づくりを進めないと、もう次は勝てないよ。

だから、やらなきゃいけない。強力なリーダーシップが、今、必要だな。

まあ、わしなら、その二点をやるな。それをやった人は、わしと同じように、暗殺されるかもね。ハッハッハッハッハ。うん。暗殺されるかもしらんけれども、やらなきゃいけないな。

B――　ありがとうございます。

大久保利通　うん。

3　新しいシステムと圧倒的《あっとうてき》な技術力で世界一を目指せ

Ｂ――　ただいま、憲法の問題についてご指導をいただきましたが、一方、経済においても、現在、この国は不況《ふきょう》の真《ま》っ只中《ただなか》にあります。さらに、国の財政赤字の問題もあり、政府の政策においても、経済成長のビジョンが見えないという現状です。

大久保利通　うん。

Ｂ――　明治期において文明開化の礎《いしずえ》、近代国家の礎をつくられた大久保先生に、経済政策についてもアドバイスをいただければと思います。

技術力に圧倒的な差があれば、人口や経済規模は関係ない

大久保利通　まあ、明治期には欧米《おうべい》というモデルがあったのでな。やるべきことは、外遊しただけでかなりはっきり見えてはいたので、楽ではあったがね。

これからは、新しいものをつくらなきゃ駄目《だめ》だな。もう、日本には、モデルはあまりないだろう。

だから、うーん、ずばりアメリカのような国にはならないだろうとは思うので、日本は日本でよいとは思うんだけども……。

まあ、幸福実現党も、党をつくるに当たって、聖徳太子《しょうとくたいし》さんがだいぶ出てきて、

ご指導をなされたんでしょう。

聖徳太子の時代に、日本は国体が変わったんだと思うんだよ。日本神道《しんとう》の神々を祀《まつ》っていた天皇家が、仏教を信仰《しんこう》するようになり、憲法も立て、役人の登用システムも変えて、能力に応じて人を抜擢《ばってき》するシステムまでつくってしまったんだろ？　非常に先見性のある人だったよな。

今は、もう一段、その国体を変えなきゃいけないよなあ。

それで、今、経済が、明治期と比べてどうかということだけれども、まあ、人口の問題がネックというふうに捉《とら》えているのかもしれないが、うーん、でも、ネックは人口の問題ではないかもしれないねえ。人口の問題ではなくて、やはり、国としての進化度の差かな。「どの程度、先進国として進んでいるか」という問題だ。これが大きな問題だと思うんだな。

軍事的なことを心配なされておるが、技術的に上の技術を持っておれば、そんな心配はないんだよ。人口は関係ないし、経済規模も、そんなに関係はない。

例えば、戦争が起きたとしても、もっと優秀《ゆうしゅう》な兵器をつくれるだけの軍事技術を持っておれば、それだけで十分な防衛力、抑止力《よくしりょく》にはなる。ミサイルであろうが、爆弾《ばくだん》であろうが、航空機であろうが、宇宙からの兵器であろうが、何でも構わないけれども、技術が数十年ぐらい進んでおれば、負ける心配はほとんどないな。だから、そういう意味での技術力の前進化を進めればいいんだ。

まあ、人口だけで戦おうっていうのは、これは、ある意味で、マルクスの労働価値説みたいなものではないかな。「人間一人当たりが生み出す富は一緒《いっしょ》だ」っていう考えだ。

これだと、人口が多いほうが勝つわな。だけど、そうではなくて、技術力に差があれば、やはり、どうしても追いつけないものがある。だから、防衛でも、絶対につくれないような防衛兵器をつくってしまえばいいわけだよ。相手側には絶対つくれないようなものをつくってしまえば、人口や経済の規模は関係がないさ。
まあ、それをやればいいわな。

欧米《おうべい》のまねではなく、新しい日本モデルをつくれ

それと、経済全体をどうするかということだが、まあ、今、自動車とかでアメリカとぶつかったり、その前は、映画とかでもぶつかったりして、「ソニーがアメリカの魂《たましい》を買った」とか言われていたんだろ？　なあ。

そんなことでぶつかったり、いろいろしているけれども、これは、今、アメリカのシステムを超《こ》えなければいけない時期が来ていると思うんだな。これも軍事技術と同じで、売り上げがいくら、利益がいくら、経済規模がいくらっていうのは、結果論なんだよ。結果として、あとから来るものだが、その前に、やはり、

経済システムで抜《ぬ》かなきゃいけないんだ。

つまり、あるべき経済システムとして、そのアメリカンモデルを抜かなきゃいけない。例えば、今、日本で、コンビニとかが流行《はや》っているんだろうけれども、こういうのも、アメリカにあるやつのまねだよな。アメリカにすでにあったやつを、何十年か遅《おく》れで日本に入れて、まねてやってるだけのことだ。

だから、新しい日本モデルを、やはり、続々とつくり続けることが大事だな。これからは、アメリカやヨーロッパのまねをしてやっても、いいことは、たぶん、もうほとんどないだろう。

特に、今の政権なんかは、北欧型《ほくおうがた》の福祉《ふくし》国家を目指しているようだが、もう、あれは先がないよ。未来はないと見ていいと思うな。あれは、隠遁《いんとん》の政治だよ。政治としては、もう終わった政治だ。老人型政治だな。

日本も、まあ、老人国家になろうとしているのかもしらんが、それに合わせた政治をやったら駄目だよ。そんなことをしたら、もう、この国は〝歴史の存在〟になっていく。やはり、未来に向けた政治にしなきゃいけないと思うな。

技術水準で五十年ぐらいの差をつけよ

わしの言いたいことはな、統計表による規模の大きさを競争するのも結構だけれども、それだけではなくて、軍事においても、経済においても、技術力、開発力、先進性において、やはり世界一になることを目指しなさいということだ。

新しい経済システムをつくらなければいけないということだな。だから、百貨店やコンビニを超えるような、新しいものをつくる。

あるいは、トヨタが、今、叩《たた》かれているとしたら、トヨタはアメリカのビッグスリーを抜き去ってしまう会社にならなければいけないんだよ。それを抜き去るための戦いを、これから挑《いど》まなければいけないね。それをしなければ駄目だ。「自動車は、アメリカが先発だから」っていう気持ちがあるんだろうが、これであっさり叩き潰《つぶ》されたら駄目なんだよ。

例えば、「トヨタの車は、空も飛べます」というぐらい、やってやれば、もう、ぐうの音《ね》も出なくなるよ。「地上の道路も走れますが、渋滞《じゅうたい》のときは、空を飛べます」っていうぐらいの車をつくってやればだなあ、それはもうお手上げだ。こんな車に勝てるわけがない。これは、ほとんど飛び魚だな。例えばの話だよ。

だから、まず、経済規模とか、軍事予算の規模とか、兵隊の数とか、そういうもので考えるのは、いわゆるマルクス的な考え方なんだ。「一人の力はみんな同じ」みたいな考え方だな。

しかし、そんなんではなくて、技術力で圧倒的《あっとうてき》に勝たなきゃいけないんだ。やはり、世界第二位の国と、技術水準で五十年ぐらいの差をつけるような、ナンバーワンを目指すべきだ。国家としてな。

だから、人口や規模ではなくて、「技術力で、世界ナンバーワンになり、五十年ぐらい差を付けるところまで突《つ》き進む」というあたりを国家目標にしたら、あとのものは付いてくるさ。

絶対、勝てませんよ。だって、そうだろ？　今、わしは、たまたま車の話をした。例えば、「飛び魚みたいな車をつくれ」って言ったな。「渋滞か。じゃあ、空を飛ぼうか」という感じで、空《す》いているところまで飛んで行けたら、そらあもう、こんなのには勝てないよ。なあ。ビッグスリーっていっても、こんなもの、どうしようもない。圧倒的な差だよな。

同じように地上を走っているだけだったら、「こちらは先発だ。本家だ。老舗《しにせ》だ」って言われるだろう。まあ、それだけのことだな。映画だって、ハリウッドのほうがずっと進んでると思っているだろうが、こんなもの、さらに進んだやつをドーンとつくっちゃえばいいのさ。「こんなものは、とてもつくれない」っていうようなものを、つくってやればいいのさ。

今の言葉では、「ソフト」っていうのかもしれないが、ソフトとか、技術とか、まあ、そのようなもんだな。

日本から世界的な天才を輩出《はいしゅつ》させるシステムが必要

君たちは、「学問のすすめ」と言ってるのかもしらんが、その意味では、まあ、「学問のすすめ」なんて軟弱《なんじゃく》なもんだ。それは、まだ、勉強で落ちこぼれているのを底上げするような気持ちが、ちょっとあるけど、そんなんじゃない。

これはもう、世界的な天才を輩出《はいしゅつ》させないといけないよ。世界的な天才を数多く日本から出さなければいけないと思うね。うん。ほかの国が追随《ついずい》してくるような天才を、いっぱいつくらなければいけないんだ。

そらあ、日本国民全員に金をばらまいたら、金なんて、いくらあったって足りないよ。けれども、例えば、「各分野に天才を集結させよう。千人ぐらい天才をつくろう」というぐらいだったら、金なんか大して要《い》らないよ。一人に一億円もありゃあ、けっこう天才をつくれてしまうかもしれない。そんなに、大して金は要らないよ。

やはり、天才をつくらなきゃ駄目だな。まあ、君たちは学園もつくっているそうだが、そりゃ、徹底的《てっていてき》に天才をつくったほうがいいよ。そうしないかぎり、この国は生き残れない。天才輩出システムをつくらなきゃ駄目だな。

まあ、秀才はつくれるようにはなっておるんだろうが、もう一段、上が要るな。うん。天才だ。天才をつくるシステムをつくる。そして、技術力で五十年差をつけることだ。

原水爆《げんすいばく》を超《こ》える武器を開発すれば侵略《しんりゃく》は防げる

そうすれば、この国は、未来が開ける。他国からの侵略《しんりゃく》などできるものか。全然できないよ。科学技術に差があったら、それはもう、全然、不可能だ。そういうものをつくってしまうことが大事だな。

例えば、中東のイスラエルは、ちっちゃな国だよ。ちっちゃな国で、人口はアラブのほうがよほど大きいし、経済規模だって、足《た》し上げたらアラブの国のほうが大きいだろう。だけど、アラブの国が束《たば》になってかかっても、イスラエルには勝てない。なぜか。技術力が高いからさ。軍事技術のレベルが非常に高いから、勝てないんだ。

同じようなものだよ。北朝鮮《きたちょうせん》が核《かく》開発したって、恐《おそ》れることなんか何もない。

もっともっと上の技術、かの地では絶対つくれないような高度な技術を開発してしまえばいいのさ。

そうしたら、それ自体で戦いは終わる。戦争なんか必要がない。絶対に向こうが開発できないものをつくる力を持ってしまうのさ。そうしたら、その時点で終わってしまうな。

だから、原爆《げんばく》や水爆なんて言わずに、もっと進んだもの、もっと〝美しい武器〟をおつくりになったらどうだろうね。もうちょっと〝芸術的な武器〟をおつくりになったらどうでしょうか。

まあ、使う必要がない武器だな。使ったら終わりになるので、使うことはないけれども、そういう、美しい、ビューティフルな武器を、おつくりになったらどうですか。

「それを使うと、北朝鮮という国は、一瞬《いっしゅん》でなくなるんですけど、よろしいでしょうか」と言えば、それで戦いは終わってしまうからね。抑止力としては、これで終わりだな。だから、原爆をつくろうなんて思っちゃいけないよ。そんなものより、もっと、ずうっと先のものをつくればいいのさ。

それは、すでに考え方としてはあると思うよ。考え方としては、たぶん、科学技術のなかに、物理学のなかに、もうすでにあると思う。それは、いわゆる「反物質」と言われるようなものの考え方さ。

だから、次の兵器はね、ミニブラックホールなんだよ。ミニブラックホールをつくるんだよ。うん。人工的にブラックホールをつくってしまうんだ。それは、星や星雲まで吸い込《こ》むようなものではない。そこまで大きなものは必要ないが、国一つぐらいは吸い込めるぐらいのブラックホールをつくる技術を開発してしまうのさ。

そうしたら、もう、それで戦争はなくなるからな。戦っても勝ち目がないので。

でも、それはね、技術的には、もうアイデアはあるんだよ。すでに理論的には見えているんだ。だから、予算を付けて、それを開発させるという国家プロジェクトがあれば、できるんだよ。

「北朝鮮さん、当たらないミサイルをつくってもいいですが、うちは、おたくの国が一瞬にして地上から消える兵器を持っています。それでも、やりますか？」って言えば、それで済むことなんだ。

中国に対しても同じだな。「何百万人でも、何千万人でも、いくらでも、地上の軍隊をおつくりください。うちのほうは、全然、一兵も要りませんので」と言えば、これで終わりなんだよ。防衛できてしまうんだ。

その技術の芽は、もうすでにある。研究者はいるんだから、予算を付けて、今までにない兵器をつくりなさい。使わなくても済む兵器だ。技術に差がありすぎて、もうどうにもならない兵器をつくってしまったら、それでいい。

つまり、核拡散防止だの、削減《さくげん》だの、こんな議論に乗らない世界のほうを開拓《かいたく》してしまうんだ。そうしたら、戦争は止められるからね。

これからは「技術」そのものを売る時代が来る

わしの言うことは、全部そうだよ。経済についても、もう一度言っておきたいが、すべては、技術的に先進性があるかどうかだ。先進性のあるシステムをつくること。

アメリカは、自分らが、ここ百年、二百年の間《あいだ》につくったことを自慢《じまん》に思っているが、ならば、アメリカがモデルではない、先進性のある日本モデルを、とにかくつくりなさい。

そのためには、大きく言って千人、小さく言って百人の天才を出せば、それはつくれる。

そういう国家だな。「学問のすすめ」っていうのが、要するに、農民に「読み、書き、そろばん」を教えるレベルの「学問のすすめ」じゃあ、君、ちょっと時代遅れだよ。そりゃあ、明治返りだな。それはいかんよ。ねえ。

そうではなくて、やはり、これからの未来社会をつくる「学問のすすめ」をやらないといかんね。

まあ、すでに、その芽はある。それを見つけて援助《えんじょ》することだな。今、日本には、国際的にはまだ十分に知られていないが、隠《かく》れた天才がたくさんいる。そのへんを発掘《はっくつ》することが大事だ。

経済的な問題は、技術に差があれば、それが付加価値になって解決されるはずだ。「日本のつくった技術を、ちょっとでも分けてもらえないか」ということになれば、いろんなものが、日本の収入に変わっていく。少しずつ少しずつ、いろんなものが外国に輸出できるようになっていく。

これからの経済っていうのは、そういう意味での「目に見えない技術」を高く売る時代なんだ。モノを売る時代も続くけれども、モノというよりは、そういう技術を売る時代が来る。

技術そのものを売る時代だ。技術そのものが、一千億円だとか一兆円だとか、そういう高い取引料で売られる時代が来る。

「この技術を一兆円で買わないか？」というような時代が来るんだよ、君、分かるか？　モノではないんだ。「君、この技術を一兆円で買うかい？」という時代が来るんだよ。

このように、経済全体が変わってくる時代が来るんだな。あるいは、一兆円で売るのではなくて、「毎年、一千億円ずつ、技術使用料を払《はら》い続ける」という契《けい》約《やく》を国家間でする。こういう貿易に変わってくる時代が、君、これから来るんだよ。うん。

B――　たいへん貴重なアドバイスをいただき、本当にありがとうございました。憲法論、経済論、未来産業や、人材論、国防論など多岐《たき》にわたるアドバイスを、これから、幸福実現党で生かしてまいりたいと思います。

4　わしは、元・光の天使である

大久保利通　ただ、暗殺は恐《おそ》れるなよ。君、頑張《がんば》れ。そらあ、今、言ったことをやろうとしたら、暗殺されるからな、おそらくは。だから、危険は伴《ともな》うが、まあ、天国を信じているんだったら、やれるだろうよ。

言っておくが、まあ、わしは、元・光の天使だからな。いずれ、もうすぐ天国に還《かえ》るから。君たちが、わしの言うことを採用してくれたら、還れるかもしれないな。今、ちょっと待っているところだ。〝補助エンジン〟がちょっと足りないんだ（会場笑）。〝燃料〟が不足しているんだ。

わしゃ、恨《うら》まれてるからな。まあ、その恨みを、ちょっと晴らしてくれれば、上がれるな。小沢が尊敬したぐらいでは、ちょっと上がり切れない。

君、ばかにしちゃいけないよ。堕《だ》天使っていうのはルシフェルだけじゃないんだ。私だって、元・菩薩《ぼさつ》なんかじゃない。もっと上なんだ。如来《にょらい》なんだよ、君。如来なんだが、今、ちょっと苦しんどるんだ。まあ、早く上がらないといかんとは思っているが、やはり、わしの罪を許して、ほめ称《たた》えてくれないと、上がれんな。

だから、人気がないんだよ。明治維新《いしん》は、本当はわしがいなければ成り立っていないんだがな。判官《はんがん》びいきというかなあ、負けたほうを、みな、心情的に応援《おうえん》するものな。

どうしても、恨みの念波が強くてなあ。君ら宗教だろ？　だったら、大久保利通を恨んでいる念波を、ちょっと祓《はら》ってもらえんだろうか（会場笑）。なんか、悪霊撃退《あくりょうげきたい》か、生き念撃退か、その他、ちょっと、そのへんを浄化《じょうか》してもらえんだろうか。「歴史的に見て、功績のほうが大きい」って、もっと言ってくれたらいいんだ。

歴史家は、「大久保利通の伝記だけは書けん」って言って、みな、さじを投げてしまうんだ。書けないって言うんだな。書くと、何だか、人気がなさそうな感じがして、どうも書けないって言うんだが、そんなことはないよ。

君、わしはシーザー並みの人間だよ。勘違《かんちが》いしてもらっては困るよ。いずれ、そうなるから。まあ、シーザーだって、チンギス・ハンだって、死んですぐ天国に還ったと思ってるのかい？　あれだけ人を殺してしまったら、そう簡単に行くもんか。だから、みな一度はくぐる関門を、今、わしはくぐっておるところだ。だけど、いずれまた上がっていくつもりでいるのでな。

今日、君が呼んでくれたことで、わしは、かなり短くなったような気がするなあ（会場笑）。君たちが政権を取ったときは、天国に還ってるよ、間違《まちが》いない。

君、なかなか、いい人だなあ。政治は、あきらめたらいかんよ。頑張りなさい。まあ、そんなところか。いいかい？　もうちょっと、何か言ってほしいかい？うん？　もういいかい？

B――　ご指導、本当にありがとうございました。

大久保利通　はい。

第3章

中国に〝ヒトラー〟が現れる

二〇一〇年四月十六日　チャーチルの霊示

ウィンストン・チャーチル（一八七四～一九六五）

イギリスの政治家。第二次世界大戦において首相として強い指導力を発揮し、ナチスによる欧州《おうしゅう》支配の野望を打ち砕《くだ》いた。

［質問者はCと表記］

1　サッチャー守護霊の招霊《しょうれい》を試みる

司会　それでは、次で、最後の質問者とさせていただきます。

大川隆法　はい。次は、何か変わったので行きましょうか。

（二人が手を挙げる）

どちらを当てようかな。党首はどちらを選ぶ？

党首　○○さんを……。

大川隆法　では、○○さん、どうぞ。

C――　やや変則的ですが、サッチャーをお願いします。

大川隆法　サッチャー？

C――　まだ、ご存命ですが、重度の認知症《にんちしょう》なので、魂が抜《ぬ》けてくるのではないかと……。

大川隆法　生きている人の魂が抜けてくるはずだって？　サッチャーか。日本語を話せるかな？　本人の魂は無理だから、守護霊になるかな。

あなたは英語を話せますか？

C――　いえ。話せません。

大川隆法　誰か通訳できる人はいますか？　ああ、いますね。まだ生きている人なので、日本語を話せるかどうかは分かりません。話せない場合は、通訳を通して会話をします。

（Cと通訳が質問者の席に座る）

サッチャーは、今、認知症ですか。レーガンの晩年みたいですね。そうなっていましたか。

C――　はい。

大川隆法　きっと、偉い人だろうと思いますが、霊言は難しいかもしれません。生きていて認知症ですから。どうでしょう？　守護霊を呼べば、いいですね。

C――　あっ、はい。お願いいたします。

大川隆法　私は、マーガレット・サッチャーの守護霊を調べたことはないので、どんな人がいるかは分かりませんが……。

（約十五秒間の沈黙《ちんもく》）

元イギリス首相マーガレット・サッチャーの守護霊、

元イギリス首相マーガレット・サッチャーの守護霊、降りてきていただき、幸福の科学および幸福実現党を、ご指導ください。

マーガレット・サッチャーの守護霊、

マーガレット・サッチャーの守護霊、

マーガレット・サッチャーの守護霊、まだ話をしたことはありませんが、

マーガレット・サッチャーの守護霊、どなたがされているのか分かりませんが、

マーガレット・サッチャーの守護霊、われらに何らかのご指導をお願いできないでしょうか。

（約三分間の沈黙ののち、一度、息を大きく吐《は》く）

C――　マーガレット・サッチャーの守護霊さまでしょうか。日本語は、お分かりでしょうか。

（約五秒間の沈黙）

サッチャー守護霊　アア。

通訳　ドゥー・ユー・アンダースタンド・ジャパニーズ？

サッチャー守護霊　アア、アア、アイム・ジャーマン。

C――　ドイツの方でいらっしゃいますか。英語は大丈夫《だいじょうぶ》でしょうか。それとも、日本語で話をさせていただいて大丈夫でしょうか。

通訳　キャン・ユー・スピーク・イン・ジャパニーズ・オア・イングリッシュ？

サッチャー守護霊　アア、アア、アイ・キャン・スピーク・イングリッシュ。

通訳　英語は話せます。

C――　それでは、英語で質問をさせていただきます。

サッチャー守護霊　アイム・ノット・グッド・アット・スピーキング・イングリッシュ。

通訳　英語はあまり得意ではありません。

サッチャー守護霊　アイ・ウォズ・ボーン・イン・ジャーマニー。ソー・アイム・ノット・グッド・アット・スピーキング・イングリッシュ。

通訳　私は、ドイツ生まれなので、英語はあまり得意ではありません。

C――　それでは、簡単な質問で……。

サッチャー守護霊　アイル・トライ。アイル・トライ。（やってみます。やってみます。）

通訳　メイ・アイ・アスク・ユー・シンプル・クエスチョンズ?（簡単な質問ならいいですか。）

サッチャー守護霊　オーケー。

C――　お名前と、いつごろの方かを教えていただけないでしょうか?

通訳　メイ・アイ・アスク・ユー・ユア・ネーム?　アンド・ホウェン・ユー・ワァー・ボーン・イン・ザ・ラスト・リインカネーション?

サッチャー守護霊　アー、アー、ンー、ンー、アー、アー。……。アイ・キャン・スピーク・イングリッシュ・ヴェリィ・リトル。クッド・アイ・チェンジ・マイ・プレイス・トゥ・ミスター・チャーチル?

通訳　私は英語があまり上手に話せないので、チャーチルさんに代わってもらっていいでしょうか?

C――　はっ。それでは、お願いいたします。

通訳　プリーズ。

サッチャー守護霊　オーケー。

（約五秒間の沈黙）

2　元寇《げんこう》以来の国家存亡《そんぼう》の危機

大川隆法　チャーチル、チャーチル……。

（約十秒間の沈黙《ちんもく》）

大川隆法　イギリスの首相チャーチル、イギリスの首相チャーチル。

（約十秒間の沈黙）

チャーチル　チャーチルです。

C――　チャーチル首相、今日は本当にありがとうございます。日本語は大丈夫でしょうか。

チャーチル　私《わたくし》は大丈夫です。

C――　ありがとうございます。私《わたくし》は、雑誌「ザ・リバティ」編集部の○○と申します。突然、お呼びし、申し訳ございません。

私のほうから、チャーチル首相、そして、サッチャー首相について、少し質問させていただきたいと思いますが、よろしいでしょうか。

チャーチル　はい。サッチャーさんは、今、ご病気の状態で、霊的なコネクション（接続）があまり良くないので、他界されるのをお待ちになったほうがいいかもしれません。

本人が、あの状態では、少し厳しいかもしれませんので、私が代わりに話をしたいと思います。


C――　それでは、質問させていただきます。

「今、日本は国家社会主義の方向へ進んでいる」と、大川隆法総裁は、『危機に立つ日本』（幸福の科学出版刊）のなかで指摘されております。

チャーチル首相は、ナチス・ドイツと戦われたわけですが、「この日本の現状を、どのように、ご覧になっているか」ということと、「日本が、国家社会主義へ進むのをやめ、『自由からの繁栄』に向かうためには、どうしたらよいのか」ということについて、お教えいただければと思います。

“元寇《げんこう》”の起きる可能性が八十パーセントある

チャーチル　危ないですね。確かに危ないと思います。歴史は、今、米中の二大大国に支配される時代に移行しようとしていますね。

あなたがたは、ビルの谷間で、ささやかなお店を開いているような感じになっていく可能性が高く、すべての物事が、あなたがたに関係なく頭越しで決められていく時代が近づいていると思います。

中国のほうは、「あと十年でアメリカを抜《ぬ》く」ということに、絶大な自信を持っていますね。「米中で世界を分け合う」というのが最初だが、その次は、おそらく、「中国が覇権《はけん》を握り、三百年ぐらい続く大中華帝国を地上に築く」ということを試みるはずです。

その意味では、明治維新《いしん》どころか、唐《とう》の時代に返っていく、「時代の流れ」が始まっています。唐なら、まだ、よろしいけれども、中国が元《げん》みたいな国になったときには、〝元寇《げんこう》〟がやって来ます。元は、二回、攻《せ》めてきたんですか？　まあ、〝元寇〟の起きる可能性は、八十パーセントありますね。

だから、新しい英雄を必要とする時代がやがて来るでしょう。私の予想では、おそらく、日本は攻められると思います。

今、その流れは、もう始まっています。アメリカの経済的衰退《すいたい》が始まり、米軍基地撤退《てったい》の流れが必然化《ひつぜんか》したときに、あなたがたは、本当の危機のなかに置かれることになります。

残念だけれども、不幸の予言は、かなりの可能性で的中する。だから、救国の英雄を必要としますね。

唐のような国なら、文化国家であり仏教国ですけれども、今の中国の政治体制は、残念ながら、一元支配の独裁制であり、領土的野心がものすごくあります。これをやはり見抜かなければいけませんね。

今の中国の政治体制のなかで、出世をしたかったら、とにかく、国威を発揚《はつよう》して、外国侵略《しんりゃく》をやってしまえばよいわけであって、そういう指導者が尊敬されるでしょうね。だから、中国にとっては、かつてのナポレオン、ヒトラーに続いて、帝国主義的で独裁的な〝英雄〟が出てくる時代です。

毛沢東《もうたくとう》の英雄神話は、もう、かなり崩《くず》れておりますが、彼は抗日《こうにち》の英雄であり、あくまでも防衛戦でした。中国には、そのときの屈辱《くつじょく》を晴らしたい気持ちがあるので、今度は、鳩山《はとやま》さんの言う「東アジア共同体」ではなく、「大中華帝国」が出来上がる可能性が極《きわ》めて高いですね。

やはり、中国のなかに、大中華帝国をつくろうとする〝磁場〟があります。日本は、よほど、心を引き締《し》めなければ、やがて、中国に支配されます。

胡錦濤《こきんとう》の次の次の世代に〝ヒトラーの卵〟がいる

C――　大中華帝国を志すリーダーのような人が……。

チャーチル　います。

C――　いると？

チャーチル　います。まだ、あなたがたの視界には、はっきりと映っていないかもしれないけれども。

C――　それは、若いリーダーでしょうか。

チャーチル　まあ、ナポレオンやヒトラーがやったようなことを志す人が、中国から出てきます。おそらく、次の次ぐらいです。次の次ぐらいのリーダーが、そうなりますね。

C――　次の次ですと、二〇二〇年ぐらいが、やはり危険な時期だということでしょうか。

チャーチル　いや。もう、すでに準備は始まっていると思いますね。その人は、毛沢東を超《こ》えるつもりでいます。日本なんか一蹴《いっしゅう》されるでしょうね。〝平和主義〟もいいですけれども、十年後、二十年後の備えをしないと……。

例えば、隣《となり》の国がドイツで、ヒトラーが出てくると思ってください。ヒトラーは出てくるのに、十年、二十年かかっていますからね。まあ、〝ヒトラーの卵〟がいると思ったほうがいいです。

彼には野心があります。とても野心を持っているので、その人が出てきたら、中国は支配圏《けん》を広げますね。必ず攻めてくるので、これは厳しいです。

ですから、かつて、日本がつくろうとした大東亜共栄圏《だいとうあきょうえいけん》の中国版が起きます。「ハワイからアフリカまで」という、かつての元の国を超える支配圏をつくるつもりでおります。ええ。自信をたっぷり持っています。今、アメリカの寿命を読んでいますね。

C――　そうしたお話を伺《うかが》いますと、今の日本は、まさに、チャーチル首相が登場されたときのイギリスと、そっくりの状況《じょうきょう》になっていると……。

チャーチル　そっくりですよ。

C――「イギリスは、チェンバレン首相のときに、ドイツに対して非常に融和《ゆうわ》的《てき》な政策をとったために、ナチス・ドイツの増長《ぞうちょう》を招いた。そこで、チャーチル首相が登場され、イギリス国民もそれを歓呼《かんこ》して迎《むか》えて、ナチスと戦われた」と聞いております。

今の日本は、チェンバレン首相のときのイギリスと似ているところもあるかと思いますが、今後、国論をどう変えていけばよいのでしょうか。

チャーチル　襲《おそ》われますよ、もうすぐ。もうすぐと言っても、まあ、〝すぐ〟ではないけれども、襲われ、支配されますよ。

まずは、「米軍との問題」がありましょう。「米軍との関係の清算」がありますけれども、その次は、両面からくると思います。

「米中同盟のようなかたちで接近し、互恵条約《ごけいじょうやく》を結んで、アメリカと共に世界を共同統治しよう」という感じに持っていくスタイルと、「日本に対して、やはり、土下座《どげざ》をさせたい」という感じのスタイルですね。この両方がくると思います。

アメリカは、悪い大統領を選びましたけれども、日本も悪い総理を選びましたので、この間《かん》に、中国の覇権が拡大してくると思います。まもなく準備が本格的に始まります。

おそらく、まず空母部隊をつくるところから始まるはずです。さらに、輸送部隊ですね。大量の兵員を輸送できる輸送船を、たくさんつくり始め、あと、空からも輸送できるような大型の輸送機をつくり始めるはずです。そうしたら、日本の占領《せんりょう》を考えていると思って、間違《まちが》いありません。それは、あなたがたが生きているのを間《あいだ》に起きるかもしれない現実です。

ヒトラーがいると思ってください。習近平《しゅうきんぺい》の次ぐらいに出てくる人です。

C――　習近平の次？

チャーチル　次ぐらいですね。

C――　はい。

チャーチル　もうすでに〝ヒトラー〟がいます。

中国とアメリカとの覇権《はけん》争いはすでに始まっている

Ｃ――　そうしますと、実は、四月の第二週に、中国で日本人が四人死刑《しけい》になり、同じ週に、「中国の艦船が沖縄本島《おきなわほんとう》と宮古島《みやこじま》の間《あいだ》を航行する」という事件が起きたのですが、こうした動きは、やはり、大中華帝国を目指していることの表れの一つであるということでしょうか。

チャーチル　そうです。中国は、もうすぐ、アメリカに命乞《いのちご》いをさせるつもりでおります。

アメリカの経済的危機と軍事的撤退《てったい》の次にくるものは、今、あなたがたが考えている図式とは、まったく違うものです。中国は、アメリカに対して、「アメリ力を攻撃《こうげき》しないでくれ。その、ただ一点を約束してくれるなら、経済的に、いくらでも、お付き合いして、中国の発展《はってん》に寄与《きよ》するから」と言わせようとしているのです。

もう覇権《はけん》争いは始まっております。それに対して、中国の政治指導部は、ものすごい自信を持っております。

日本の次のリーダーは大変ですね。元寇以来の危機です。これを切り抜けるのは、ものすごく大変なことだと思いますね。

C――　中国の意図をお教えいただき、ありがとうございます。

チャーチル　これはね、話し合いなんかでは絶対に終わらないです。絶対に終わらないので、遅きに失《しっ》しないうちに、対策を立てないと駄目《だめ》です。

野心をはっきりと持っています。日本なんか目じゃないんです。アジア全域とオセアニア、さらに、アフリカまで支配する気でいます。これは、かつてない大帝国ですね。これをイメージしているし、「アメリカとヨーロッパは没落《ぼつらく》する」と予想しております。だから、中国文化圏で世界を牛耳《ぎゅうじ》るつもりでおりますね。

これは、もう、ヒトラーだと思ったほうがいいです。

向こうは、まず、詭弁《きべん》を弄《ろう》し、計略《けいりゃく》を使ってくると思います。例えば、島を取っても、「この島だけだ。ほかに野心はない」と言う。「この島は、元々、中国固有の領土だから」というような感じで、まず、島を取りにきますね。

そして、既成事実を一つつくり、世界の世論《せろん》がそれを容認したら、さらに次が始まってくる。こういうかたちですね。

まあ、八十パーセント以上の確率でやるでしょう。これは、そうとう厳しい戦いになりますね。

3 「断固として独立を守る」という気概を

国やマスコミのあり方を変えないかぎり、この国は守れないだろう

C——　チャーチル首相は、第二次大戦後、スターリン率いるソ連を止めるために、イギリスとアメリカの同盟を中心として、NATO《ナトー》（北大西洋条約機構）をつくられました。

今、日本がなすべき対策としては、もちろん憲法改正もありますが、日本がイニシアチブをとった国際戦略のようなもので、何か、できることがあれば、お伺《うかが》いしたいと思います。

チャーチル　いや。今の、この国のあり方や世論、マスコミのあり方を変えないかぎり、負けますね。

沖縄《おきなわ》あたりは、米軍を追い出しにかかっているんでしょう？　それで民主党政権がマスコミに支持されて続くようだったら、もう、これは危ないですね。

安倍《あべ》政権の流れのなかでの十年があれば、本当は、防衛システムができたし、憲法改正も可能だったのですが、その安倍政権を壊《こわ》したのは、日本のマスコミでしょう？　彼らは、そんなに賢くないので、現前《げんぜん》の危機が起きるまで分からないんですね。

うーん。これは、そうとう難敵ですね。

日本はイスラエル化しないかぎり駄目《だめ》です。イスラエルは小国ですけれども、いつも絶滅《ぜつめつ》の危機と戦っています。「アラブ諸国全部に憎《にく》まれ、囲まれて、国を維持《いじ》する」というのは、もう大変なことですよ。人数的にも敵《かな》わないし、経済的にも敵わない。

日本もイスラエル化をしないと、とてもではないが、生き残れないですね。やはり、「断固、侵略《しんりゃく》させない」という意思表示をして、そういう体制を築かないといけません。口だけで、「強兵《きょうへい》」なんて言ったって駄目ですよ。

本当に〝ヒトラー〟が潜《ひそ》んでいます。だから、来ますよ。怖《こわ》いですよ。

今まで、中国がやっていることを見たら明らかです。すでに、個人としての問題ではなく、国として、手順を踏《ふ》んで周りの国を侵略し、中国化してきているので、このまま経済発展が続けば、次はアメリカを脅迫《きょうはく》するレベルまで必ず行くでしょう。

ヨーロッパの国が日本を助けに来るはずもありません。これは大変だと思いますね。

チャーチル首相のような「勇気」を身に付けるためには

C――　チャーチル首相は、ご生前、「ナチスによる空襲《くうしゅう》を恐れずに外に出て、ロンドン市民、イギリス国民を鼓舞《こぶ》された」と伺っております。

今の日本のリーダーには、そうした勇気が必要であると思いますが、政治家として、勇気を身に付けていく秘訣《ひけつ》をお教えいただきたいと思います。

チャーチル　いやあ。国は一人で興《おこ》り、一人で潰《つぶ》れるのです。だから、一人です。救国のリーダーが一人出るか出ないかです。

私の場合は、ヒトラーを悪魔と見抜いたために、徹底的《てっていてき》に戦う覚悟を固めたのです。向こうの腹の底を見透《みす》かしていたので、「絶対に来る」と思っておりましたし、「来ても、絶対に屈服《くっぷく》はしない」ということを強く心に決めていました。

戦後教育とマスコミ情報に洗脳《せんのう》された今の日本人には、それだけの気概は、なかなか出てこないでしょうね。

だから、あなたがたは、早く、政権を取れるような政党をつくらないと駄目です。天上界《てんじょうかい》が、みな、「政党をつくれ」と言っているのには、理由があるのです。

この世の人たちは、愚かなので分からないのです。「中国と仲良くして、経済が拡大すればいい」ぐらいにしか思っていない。財界なんかも、そのくらいのレベルで思っているでしょうけれども、向こうのなかに、〝ヒトラー〟がいます。

この〝ヒトラー〟の野望は、やはり潰さなければいけません。「ハワイから、オーストラリア、東南アジア全部、それから、西南アジアの石油地帯、さらに、アフリカまで支配しよう」という野望を持っています。

向こうから見て、日本は、いちばん取り除きたい〝目の上のたんこぶ〟というか、目障《めざわ》りな国でしょう。そして、今、民主党政権が、中国への屈服に入ろうとしているので、中国は、鳩山《はとやま》のことが大好きでしょうね。小沢もすり寄ってきております。小沢は訪中して、胡錦濤《こきんとう》と一緒に写真を撮《と》って喜んでいるんでしょう？　中国の野望を見抜けていないんでしょうね。

これは、早く政権を取らないと駄目です。戦える時間は、もう、そんなに残っていないと思うので、天上界が、みな、言うだけのことはあります。

去年（二〇〇九年）、「政権を取りに行った」というのは、本気だったのです。そうでなかったら、間に合わないかもしれないからです。残念だけれども、日本の国民は、あの選挙によって、そうとうの被害《ひがい》を結果的に被《こうむ》ることになるでしょう。

しかし、今のマスコミは左翼《さよく》に寄っているので、島を一つ取られて、しばらくは憤然《ふんぜん》としても、しばらくすると、たぶん、それを受け入れるようになる。

二つ目の島を取られても、憤然とするが、「でも、しかたがないな」というような感じになってくる。それは、「憲法九条がわれわれを守ってきた」と思っているからです。

まあ、憲法九条が〝神様〟になり、〝基本教義〟になっているわけです。さっき、誰かが、「憲法を早く捨てなければ駄目だ」と言っておりましたけれどもね。だから、中国の動きを善意で考えてはいけませんよ。

中国の一般国民が、そんなことを考えているとは、私は思いませんけれども、中国には、とにかく、共産党という一つの党しかないんです。

それこそ、党が幾つかあって、多元的な価値観があるならば、議論が成り立ちますけれども、一党独裁なんです。人口十三億人の国が一党によって独裁されているのですから、ヒトラーやスターリン、ナポレオンのような人が出てこないほうが、おかしいんですよ。

もちろん、国の力が弱ければ、どうってことはありません。「戦争のために国が荒廃《こうはい》し、食うや食わずのレベルの農村が広がっているので、一党独裁の体制でもって、とにかく引き上げる」というのなら、まあ、分かりますよ。

だけど、これだけ大きな力を持ってきたら、多元的な価値観を受け入れ、話し合いによって、多様な意見を反映できるような国に変わらないかぎり、信用しては駄目です。

中国は、秦《しん》の始皇帝《しこうてい》以来、統一国家の持つ旨《うま》みをよく知っているし、「多元的な価値観を持てば、国が分裂《ぶんれつ》する」と考えているはずなので、今の体制を、断固、死守するはずですね。

言論人や、自由を説く者は、秘密警察が連れ去って消してしまえば、それで済むんですから、これは恐ろしい帝国です。ビヒモスの登場ですね［注］。

日本は、しばらく悪者扱いされるかもしれないけれども、これに対しては、断固、抵抗し、世界の防波堤にならなくてはいけないと思います。

アメリカが守ってくれる保証はありません。少なくとも同盟関係がある間は、多少は後ろ盾《だて》になってくれることはあるにしても、すべてアメリカ頼みのスタイルは危険だと思いますね。

鳩山民主党で、同盟関係がぐらつくなら、私だったら、やはり、自主独立して、日本独自の戦略を打ち出しますね。

アメリカにとっては、危機でも何でもないのです。中国が、例えば、台湾《たいわん》を取ろうが、北朝鮮《きたちょうせん》や韓国《かんこく》をどうしようが、日本の沖縄を取ろうが、そこからアメリカの基地がなくなっていれば、アメリカ自体にとっては、あまり問題ではないのです。

中国が、日本の沖縄を取り、「元々、中国領土だった」と言い放ち、世界に宣言した場合に、もし、日本が何もできなかったら、それまでのことでしょうね。

自分の国は、自分で守らなければなりません。ほかの国は守ってくれませんよ。危機が近づいてます。そうでなければ、天上界から指導があり、「政党をつくれ」と言うはずがありません。危ないです。

C――　はい。本日のチャーチル首相のお言葉を肝《きも》に銘《めい》じたいと思います。中国の真意を見抜き、勇気を持って、国難に立ち向かってまいります。

チャーチル　まあ、あなたたねえ、次は空襲されるんですよ。中国は、かつて日本にやられたので、その復讐《ふくしゅう》として、二千機、三千機の爆撃機《ばくげきき》が日本の上空を飛びますよ。

今、中国が描いたとおりのシナリオが進んでいます。アメリカは、すでに肝心《かんじん》なところを押さえられています。国債《こくさい》は握られているし、経済的に疲弊《ひへい》しているので、中国との取り引きを大きくしないと立ち直れない状況《じょうきょう》です。軍事費も削減していますし……。

ああ。あなた、何か言いたい？

侵略《しんりゃく》目的の武装《ぶそう》は不要だが、防衛体制の確立は必要である

党首　イスラエル並みの重武装《じゅうぶそう》をしなければいけないということですね？

チャーチル　そうです。絶対、やらなければ駄目です。ほかのところを削ってでも、やらなければ駄目です。間に合わないです。ええ。やらなければ駄目です。イスラエルに、憲法九条を〝輸出〟したら、イスラエルの国は、すぐなくなりますよ（笑）。あっという間です。十年も、もたないですよ。あっという間にな

くなります。

イスラエルは、イランが核攻撃《かくこうげき》する態勢をつくれば、絶対、空爆《くうばく》をやるはずです。放っておいたら、やられますからね。絶対、潰しに入ります。

相手が侵略《しんりゃく》兵器をはっきりとつくってきたら、それを、きっちり叩《たた》くぐらいの戦力は、日本にも必要ですね。

まもなく、あなたがたは、みな、中国語をしゃべらなければいけなくなる可能性が高いですよ。八十パーセントの確率で、そうなります。

去年の総選挙に勝てなかったことで、対策が、十年、遅れた感じがしますね。

残念だけれども、この国は滅びに至るかもしれません。あなたがたが、「亡国《ぼうこく》の予言者」として、名前を遺《のこ》すような悲劇《ひげき》にならないことを祈りたいですね。

たとえ、国がぼろぼろになっても、最後は、私《わたくし》たちのように、国を守り切ってほしいですね。

あれほどの荒廃のなかから、ヨーロッパの各国を追い抜き、アメリカに続く繁栄を誇《ほこ》った国が、「没落していく」ということは、やはり、「政治の指導が悪い」ということなんです。指導を間違《まちが》えたら、そうなります。

しかし、これだけの力がある国民なんですから、方向付けがしっかりしておれば、きちっと繁栄しますね。

だから、侵略目的を持つ必要はありませんが、「断固、防衛する」ということを、きちっとやる必要があります。

アメリカとの協力関係は維持できたほうがいいですけれども、少なくとも、「安保《あんぽ》があり、アメリカが防衛してくれるから、日本は自国で防衛しなくていい」というような議論は、少し甘いと思いますね。

特に、今のオバマさんのような状態が続くのであれば、日本を守ってくれるとは思えない。例えば、「沖縄の一部の島が取られたり、尖閣諸島《せんかくしょとう》が取られたぐらいで、アメリカ軍が出動し、中国と戦ってくれる」などということは考えられないです。「そのへんは自衛隊の範囲でしょう」というのが基本的な考えだと思いますね。

C――　日本を守るために、これから頑張《がんば》ってまいります。

カルタゴのようになりたくなければ、断固とした気概を持て

党首　もう一つ、質問して、よろしいでしょうか。

チャーチル　ほかに何か？

党首　その場合、「国の予算の優先順位を変え、また、国のかたちそのものを変えてでも、費用を捻出《ねんしゅつ》し、防衛体制を整えるべきだ」ということになるわけですが……。

チャーチル　これから老人が増えるから、老人が楽に暮らせるような、北欧型《ほくおうがた》の社会福祉《ふくし》国家に向かおうとしているのでしょう？　それは、中国のような国が隣になければ、可能でしょう。

けれども、野心満々の国が、今、そこに存在するのです。十パーセント以上の経済成長がずっと続いていて、軍事費も同じく伸びているんでしょう？

軍事費をこれだけ増やしていったら、領土を取らないかぎり、絶対に元は取れないのです。だから、絶対に取りに入ります。まもなく、それが始まります。

オバマ政権の間《あいだ》に、「アメリカがどれだけ弱るか」にもかかっていると思いますが、もうすぐアフガンからの撤退《てったい》が始まるはずです。あと一年もしたらアフガン撤退戦が始まります。

ベトナム戦で敗れ、イラク戦で撤退し、さらに、アフガンから撤退し、「結局、アメリカの戦争は何も成功しない」というかたちになったときに、アメリカは孤《こ》立《りつ》主義に入っていきます。

「日本の島が攻《せ》められたぐらいで、米軍が出ていって、また戦う」ということは、ないでしょう。「中国との本格的戦争になるかもしれない」と考えたら、それは、できないですよね。だから、そのくらいのことだったら、日本を見捨てます。

経済規模も中国のほうが大きくなるので、アメリカが次もオバマ路線で行くようでしたら、「中国と交渉《こうしょう》したほうがいい」と言って、中国に対して、融和政策をとるはずです。日本を守ってはくれません。

だから、国家の方針が間違っていますね。私の考えでは、財政赤字は、そんなに気にしなくていいと思います。戦時経済は、もう、すごい状態になりますが、国民を守れなかったら、そもそも、国家なんか存在する必要がないんです。財政赤字も何も、あったもんじゃありませんね。

できれば、民生用にも使えるようなかたちで、きちんと防衛産業をつくったほうがよいですね。これは急ぎます。かなり急がないと、間に合わないと思いますね。ええ。危ないですよ。

C——　はい。準備してまいります。

チャーチル　カルタゴみたいになりますよ。善意だけを信じてはいけません。これは、「ローマ」対「カルタゴ」と同じです。

ローマは、「カルタゴという国があるかぎり危機が続く」ということで、ポエニ戦争を三回やり、最後は、「一人残らず殺し、塩を撒《ま》くところまでやった」と言われるぐらい、徹底的に殲滅《せんめつ》しました。最終的に、国そのものを徹底的にすり潰したのです。

中国から見ると、日本というのはカルタゴと一緒です。カルタゴは、通商《つうしょう》国家、経済国家だったわけですが、ローマは、「カルタゴを放置しておくと、いつ、リバウンドしてきて、攻めてくるかもしれないので、徹底的に根絶《ねだ》やしにしたい。草も生えないぐらいの国にしたい」と考えていたのです。今の中国は、日本に対し、それと同じような気持ちでいますよ。

そうしてほしくなかったら、「隷従《れいじゅう》せよ」ということでしょう。「隷従への道」と言えば、ハイエクの得意なところでしょうが、日本は、隷従への道を歩まなければいけないということです。

この隷従への道、隷属《れいぞく》への道を歩まないためには、やはり、独立不羈《どくりつふき》の精神、「断固として独立を守る」という気概を持たなければ駄目です。だから、吉田松陰《しょういん》の精神でよろしいのではないでしょうか。彼のような気概を持たないと駄目ですね。まもなく、やられますよ。

C――　はい。頑張ってまいりたいと思います。本日はまことにありがとうございました。

チャーチル　はい。

大川隆法　では、終わりにしましょうか。

［注］ビヒモスとは、『旧約聖書』に登場する陸の怪獣《かいじゅう》。中世以降は悪魔として見られることが一般化し、陸で起こる戦乱をビヒモスに見立てることもある。

あとがき

本書の内容は実に厳しい。未来を切り拓《ひら》くことが、こんなにも困難であるとは。しかし、ひるまず、一歩一歩、前進してゆくしかあるまい。

宗教政党・幸福実現党の創立者として、私自身、赤心《せきしん》・激誠《げきせい》の人であり続けることをここに誓う。

二〇一〇年　四月二十一日

国師《こくし》　大川隆法《おおかわりゅうほう》

民主党亡国論《みんしゅとうぼうこくろん》——金丸信・大久保利通・チャーチルの霊言——

2010年5月10日　初版第1刷

著　者　　大《おお》 川《かわ》 隆《りゅう》 法《ほう》

発行所　　幸福の科学出版株式会社

〒142-0041 東京都品川区戸越1丁目6番7号
TEL(03)6384-3777
http://www.irhpress.co.jp/

印刷・製本　株式会社 堀内印刷所

落丁・乱丁本はおとりかえいたします

ISBN978-4-86395-041-2 C0030

写真提供：毎日新聞社、©Bettmann/CORBIS/amanaimages

大川隆法ベストセラーズ・希望の未来を創造する

危機に立つ日本

国難打破から未来創造へ

2009年「政権交代」が及ぼす国難の正体と、現政権の根本にある思想的な誤りを克明に描き出す。未来のための警鐘を鳴らし、希望への道筋を掲げた一書。

- ◆社会主義へと進む「民主党政権」
- ◆「東アジア共同体」構想の落とし穴とは
- ◆鳩山・小沢十年不況に入るおそれ
- ◆増税は本当に必要か?
- ◆「小さな政府」によって民間の活力を呼び戻せ

1,400円

第1章 国難選挙と逆転思考
第2章 危機の中の経営
第3章 危機に立つ日本
第4章 日本沈没を防ぐために
第5章 世を照らす光となれ

※表示価格は本体価格(税別)です。

大川隆法ベストセラーズ・混迷を打ち破る「未来ビジョン」

幸福実現党宣言

この国の未来をデザインする

政治と宗教の真なる関係、「日本国憲法」を改正すべき理由など、日本が世界を牽引するために必要な、国家運営のあるべき姿を指し示す。

1,600円

政治の理想について

幸福実現党宣言②

幸福実現党の立党理念、政治の最高の理想、三億人国家構想、交通革命への提言など、この国と世界の未来を語る。

1,800円

政治に勇気を

幸福実現党宣言③

霊査によって明かされる「金正日の野望」とは? 気概のない政治家に活を入れる一書。孔明の霊言も収録。

1,600円

新・日本国憲法試案

幸福実現党宣言④

大統領制の導入、防衛軍の創設、公務員への能力制導入など、日本の未来を切り開く「新しい憲法」を提示する。

1,200円

夢のある国へ――幸福維新

幸福実現党宣言⑤

日本をもう一度、高度成長に導く政策、アジアに平和と繁栄をもたらす指針など、希望の未来への道筋を示す。

1,600円

西郷隆盛
日本人への警告

この国の未来を憂う

西郷隆盛の憂国の情、英雄待望への激励が胸を打つ。日本を襲う経済・国防上の危機を明示し、この国を救う気概を問う。

第1章　沈みゆく日本を救うために
新たな国づくりのための指針／信念でもって人を動かせ
この国を背負う若者へのメッセージ　ほか

第2章　信念を持って、この国を護り抜け
未来の設計図を提示せよ／正義と政治のあるべき姿
中国が覇権を握ると日本はどうなるか　ほか

1,200円

一喝！
吉田松陰の霊言

21世紀の志士たちへ

明治維新の原動力となった情熱、気迫、激誠の姿がここに！　指導者の心構えを説くとともに、現政権を一喝する。

第1章　指導者としての厳しさを知れ
リーダーを輩出するための心構え
真剣勝負で戦い、大義を成就せよ　ほか

第2章　「一日一生」の思いで生きよ
国民の価値観を変えるために／吉田松陰の二十九年の人生が示すもの／若者のリーダーたるべき者とは　ほか

1,200円

大川隆法ベストセラーズ・霊言シリーズ

龍馬降臨

幸福実現党・応援団長 龍馬が語る「日本再生ビジョン」

坂本龍馬の180分ロングインタビュー（霊言）を公開で緊急収録！ 国難を救い、日本を再生させるための戦略を熱く語る！

第1章 日本を根本からつくり直せ
日本の政治とマスコミの現状／国難を打破する未来戦略
新しい産業を起こすための経済政策　ほか

第2章 幸福維新の志士よ、信念を持て
現代の海援隊とは何か／龍馬暗殺の真相
なぜ幸福実現党の応援団長をしているのか　ほか

1,300円

松下幸之助 日本を叱る

天上界からの緊急メッセージ

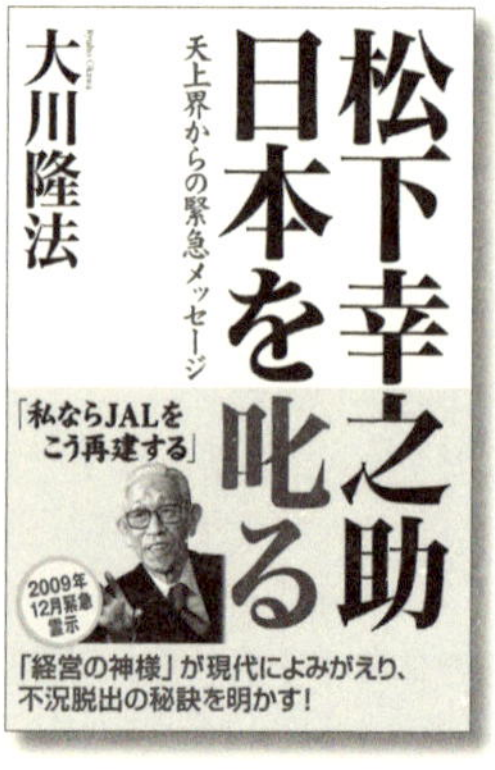

天上界の松下幸之助が語る「日本再生の秘策」。国難によって沈みゆく現代日本を、政治、経済、経営面から救う待望の書。

第1章 国家としての主座を守れ
日本を救うために必要な精神とは／今の日本の政治家に望むこと／景気対策の柱は何であるべきか　ほか

第2章 事業繁栄のための考え方
未来に価値を生むものとは／天命や天職をどのように探せばよいか／商才の磨き方とは　ほか

1,300円

※表示価格は本体価格（税別）です。

創造の法

常識を破壊し、新時代を拓く

法シリーズ
第15作

◆人生の付加価値を高める方法とは
◆宮本武蔵に学ぶ「アイデアを得る条件」
◆新しい視点を得る「ヘソ曲がりのすすめ」
◆ひらめきには努力とリラックスが必要
◆今、日本がなすべきイノベーションとは

1,800円

第1章　創造的に生きよう ―― 人生の付加価値を百倍にする方法
第2章　アイデアと仕事について ―― 強い熱意と真剣勝負の気持ちを持て
第3章　クリエイティブに生きる ―― 未来を拓く逆発想のすすめ
第4章　インスピレーションと自助努力 ―― 創造性豊かな人材となるために
第5章　新文明の潮流は止まらない ―― ゴールデン・エイジの創造に向けて

世界紛争の真実

ミカエルvs.ムハンマド

米国(キリスト教)を援護するミカエルと、イスラム教開祖ムハンマドの霊言が、両文明衝突の真相を明かす。宗教の対立を乗り越えるための必読の書。

1,400円

エクソシスト入門

実録・悪魔との対話

悪霊を撃退するための心構えが説かれた悪魔祓《ばら》い入門書。宗教がなぜ必要なのか、その答えがここにある。

1,400円

「宇宙の法」入門

宇宙人とＵＦＯの真実

あの世で、宇宙にかかわる仕事をされている６人の霊人が語る、驚愕の事実。宇宙人の真実の姿、そして、宇宙から見た「地球の使命」が明かされる。

1,200円

※表示価格は本体価格(税別)です。

幸福の科学

あなたに幸福を、地球にユートピアを――
宗教法人「幸福の科学」は、
この世とあの世を貫く幸福を目指しています。

幸福の科学は、仏法真理《ぶっぽうしんり》に基づいて、まず自分自身が幸福になり、その幸福を、家庭に、地域に、国家に、そして世界に広げていくために創られた宗教です。

「愛とは与えるものである」「苦難・困難は魂を磨く砥石《といし》である」といった真理を知るだけでも、悩みや苦しみを解決する糸口がつかめ、幸福への一歩を踏み出すことができるでしょう。

この仏法真理を説かれている方が、大川隆法総裁です。かつてインドに釈尊《しゃくそん》として、ギリシャにヘルメスとして生まれ、人類を導かれてきた存在、主エル・カンターレが、現代の日本に下生《げしょう》され、救世の法を説かれているのです。

主を信じる人は、どなたでも幸福の科学に入会することができます。あなたも幸福の科学に集い、本当の幸福を見つけてみませんか。

幸福の科学の活動

● 全国および海外各地の精舎《しょうじゃ》、支部・拠点などで、大川隆法総裁の御法話拝聴会、祈願や研修などを開催しています。

● 精舎は、日常の喧騒《けんそう》を離れた「聖なる空間」です。心を深く見つめることで、疲れた心身をリフレッシュすることができます。

● 支部・拠点は「心の広場」です。さまざまな世代や職業の方が集まり、心の交流を行いながら、仏法真理を学んでいます。

幸福の科学入会のご案内

◆ 精舎、支部・拠点・布教所にて、入会式にのぞみます。入会された方には、経典《きょうてん》「入会版『正心法語《しょうしんほうご》』」が授与されます。

◆ 仏弟子としてさらに信仰を深めたい方は、三帰誓願式《さんきせいがんしき》を受けることができます。三帰誓願式とは、仏・法・僧の三宝《さんぼう》への帰依《きえ》を誓う儀式です。

◆ お申し込み方法等は、最寄りの精舎、支部・拠点・布教所、または左記までお問い合わせください。

幸福の科学サービスセンター
TEL 03-5793-1727
受付時間 火～金：一〇時～二〇時
土・日：一〇時～一八時

大川隆法総裁の法話が掲載された、幸福の科学の小冊子（毎月１回発行）

月刊「幸福の科学」
幸福の科学の
教えと活動がわかる
総合情報誌

「ザ・伝道」
涙と感動の
幸福体験談

「ヘルメス・エンゼルズ」
親子で読んで
いっしょに成長する
心の教育誌

「ヤング・ブッダ」
学生・青年向け
ほんとうの自分
探究マガジン

幸福の科学の精舎、支部・拠点に用意しております。
詳細については下記の電話番号までお問い合わせください。

TEL 03-5793-1727

宗教法人 幸福の科学 ホームページ　http://www.kofuku-no-kagaku.or.jp/